キャブヘイの

日本一身軽なソロキャンプ

準備はリュック1つ!

CABHEY'S SOLO CAMP

キャブヘイ

CABHEY RIDE ON!!

KADOKAWA

CONTENTS

CHAPTER 4

LET'S GO

実験！ キャブヘイの挑戦

CHAPTER 5

MY SANCTUARY

俺の聖域・キャブヘイ山荘

CHAPTER 6

CABHEY RECOMMENDED!

キャンプのお供

COLUMN

STAFF

編集・取材・構成　丸山亮平(百日)
デザイン　鈴木あづさ(細山田デザイン事務所)
撮影　北村勇祐(P.12、P.122～125を除く)
編集協力　渡辺有祐(フィグインク)
イラスト　キャブヘイ
校正　麦秋アートセンター
DTP　尾関由希子
編集　松尾麻衣子(KADOKAWA)

取材協力

森と湖の楽園 WorkShopCampResort
〒401-0302 山梨県南都留郡富士河口湖町小立5606
TEL:0555-73-4116

はじめに

準備は
リュック1つ!

「キャンプってぶっちゃけ道具多くて面倒そう…」

それな。
俺もこの本を書く2年前、ちょうどキャンプをはじめたときに同じように思った。道具は多いし、何持ってっていいかわかんねーし、やっとの思いで一式揃えたら今度は場所選び、パッキング。現地では火のつけ方があーだ、テントの張り方がこーだ、もうヤダアァ!! …と、半ギレ半泣きのフィフティフィフティで、苦労した覚えしかない初めてのキャンプ。

でも、すげえ楽しかった。

好きな音楽を聴いて、焚き火を眺めながら飲むビールは、最高にチルでドープだし、いつでもテントに帰って寝ていいし、行儀悪く飯食ったって許されるそんな贅沢な時間。その晩テントに戻って天井に吊るしたランタンをぼんやり眺めながらふと思った。

「キャンプってぶっちゃけそんな頑張らなくてよくね?」

そして約2年前、自分のYouTubeチャンネルで、ある動画を出すことに

なる。それは『最低限の道具だけで行くキャンプが過酷すぎた…!!!!』という内容。持っていったのはテント、ライター、ナイフ、クッカー、ランタン。大それた道具も、知識もなくても楽しめることを、身をもって証明してやろうと思い、この動画を撮った。で、実際やってみると、マジで笑えるくらい何もうまくいかないんだけど、超おもろいの。そりゃ期待も何もないじゃん、クソ不便だもの。成り行きだもの。だが動画の反響は、

「これほど最底辺のキャンプを観た後なら、自分でもできるかも？　と自信が持てました！」

「ずっとハードル高いと思ってたんですが、野宿レベルでもいいんだ！　と安心しました」

といった好意的なコメントが多かった。どうやら思いのほか、このミニマムキャンプが未経験者を勇気づけることになったようだ。

そして今。

何がどうなってか、こんなふざけた奴が〝キャンプの本〟を書いてるわけだけど…。最初に断っておくと、この本は別にこれからキャンプを始める人にこうすべきだよ、みたいなアドバイス的な効用はほぼない。無人島に1つ持っていくなら何がいい？　的な質問でよくサバイバル本が挙げられるけど、この本を手渡されたのなら潔く、絶望していい。せいぜい火種ぐらいにはなるかも。だけどキャンプはサバイバルと違って、楽しんだもん勝ち。道具や知識も大事だけど、足るを知る豊かさを感じてくれたら嬉しいぜ。

それじゃCABHEY RIDE ON〝BOOK〟…いってみよう！

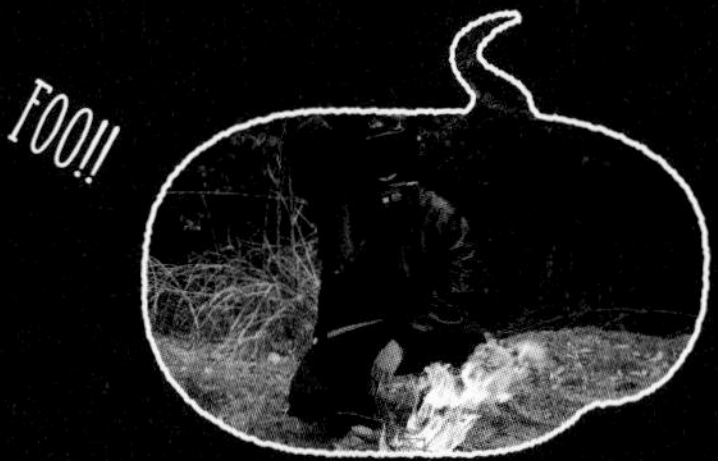

BUSHCRAFT

クラフト目線で山に入ればそこは宝の山!
この枝で箸を作ろう、とか
あの木は椅子によさそうだな、とか
いろいろ楽しい想像ができる。
自分で作ったものたちに囲まれた
テントサイトは何と言っても映えるし、
この基地感は作った人にしか味わえない
奥深さがあるんだよね。

FISHING

ただ釣りするだけじゃつまらない！
手作りの竿と針で釣りをしよう
ってことで実際に海に来てみたよ。
こんなんで本当に釣れんのか（笑）!?
まぁいけるっしょ、easy、easy！

agv

SHOOTING

キャンプっていろんな不測の事態が
起きるから楽しいよね。
俺はキャンプに撮影の企画で
行くことも多いんだけど、
この本でもいろんな企画をやってみたよ。

CHILL OUT...

ソロキャンプの醍醐味はやっぱり
このくつろぎの瞬間。
自分だけのチルスポットを作って、
空を見ながら贅沢なときを過ごすってのが
本当に気持ちいいよね。

DRIVING

ニーナ号、ボブ蔵と共に
たくさんのキャンプに出かける。
この相棒たちがいろんな景色を
見せてくれるんだ。

CHAPTER 1

ONE BACKPACK!

リュック1つで行く キャブヘイ流キャンプ

俺は基本的に準備はしない！ って言うと
語弊があるんだけど、
リュックに装備を入れっぱなしで
置いてあるんだ。
正しく言えば、準備はいつでも
できているってことなのかな。
キャンプのスタイルを２つに大別して、
ギアを詰めたリュックを分けている。
やりたいスタイルを決めたら、
そのリュックさえ外に持ち出せば、
どこでもキャンプができるんだ。

CABHEY'S CAMPING STYLE

RIDE ON!

荷物はワンバッグのみ。ミニマムで合理的なギア選び

「明日何持っていこう…」パッキングをするのは楽しい。キャンプ地に思いを馳せて、家にあるギアの中からパーティを編成していく至福の時間……。なんて思えるのは〝たまにキャンプ行くけど歴は長い人〟ぐらいで。そもそもそんなにギアを買えないライトユーザー、もっと言えば、俺みたいに、限られた積載しかできないバイクキャンパーにとっちゃ憧れるだけで、できればサクッと終わらせて早く寝たい。たくさんの荷物を積み込むのも大変だし、そもそも家に置いておけるほど、収納に余裕ねぇよ……。

ならいっそ、収納もパッキングも1つのリュックにまとめちゃえばいーじゃん！　道具を入れっぱなしにしておいて、思い立ったら背負う&ゴー！

食器をスタッキングするのは気持ちいいよな。けどそれ全部使ってる？　せっかく不足を楽しみに来てるのに、家と同じキッチンや住環境を再現してない？　そういった「とりあえず持っていく」がなくなることで、本当に自分の必要な道具を目利きできる。この章で紹介する2つのリュックに共通しているポイントは「フリーゾーンを作る」こと。新しいギアを買う余地も残しつつ、かつ無駄買いも抑えられる。準備も計画もしない、ソッコーで楽しむファストフードならぬファストキャンプ。こんな身軽でもいいじゃん？　easy、easy！

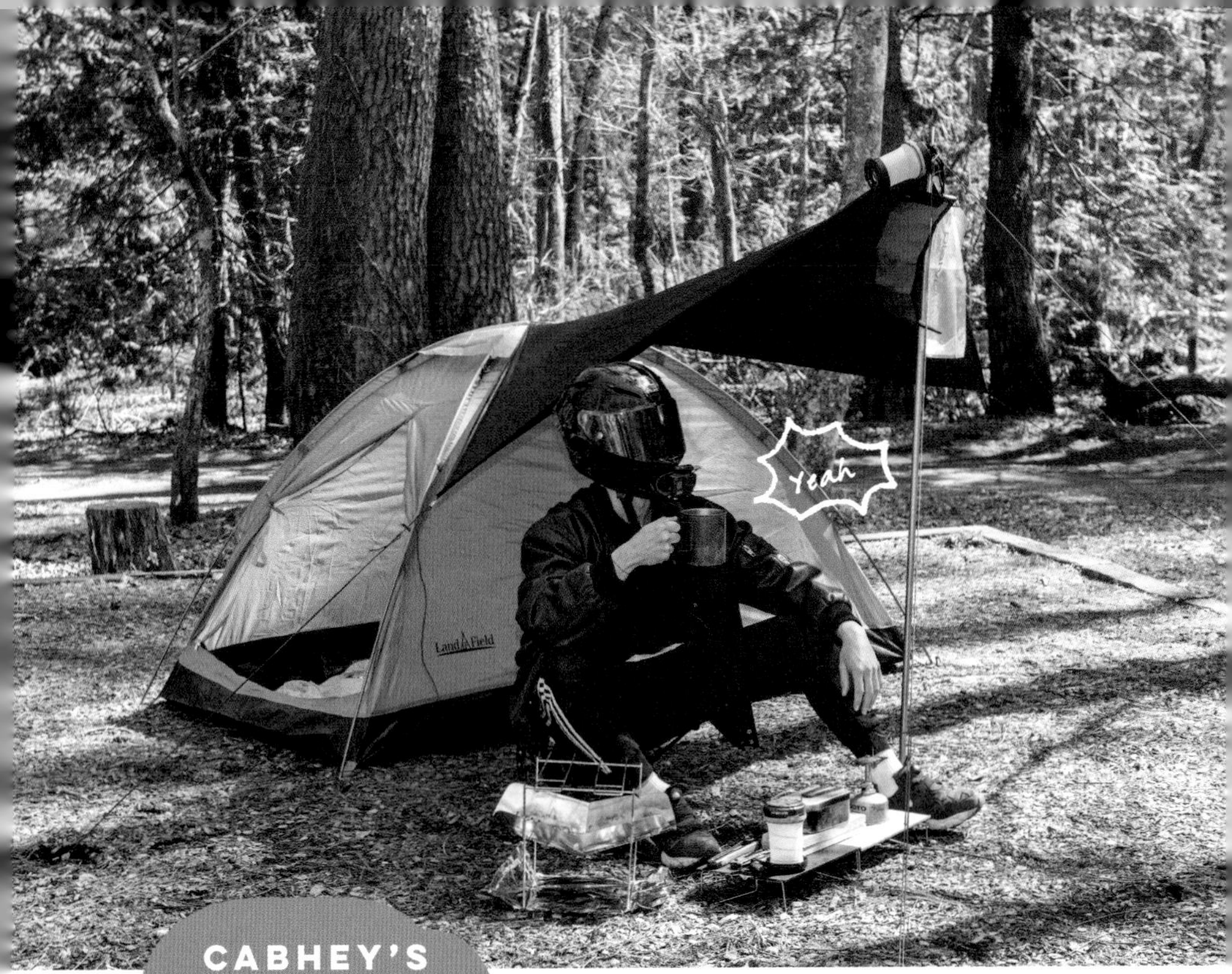

CABHEY'S
ONE
BACKPACK
01

シンプルスタイル

軽量、シンプル、コンパクト、ミニマムなギア選び

ファッションやライフスタイルってシンプルなほど美しい。俺はファッションも、好きなバイクも、モノトーンで統一したシンプルでスタイリッシュなものを選んでいる。だから、**キャンプも同じようにコンセプトを一貫させたい！**と思いコーディネートした**「シンプルスタイル」**。いかにもこれからキャンプ行きますって、バッグにカラビナとか寝袋付けちゃうのも大好きなんだけど、ミニマリズムの美学みたいなのって、きっとキャンプにも当てはまると思うんだよね。イメージはスパイのリュック。寝袋からテントまで、コンパクトに収まるものをセレクト。**普段から持ち歩いていても違和感がないように収めたよーん。**

CABHEY'S ONE BACKPACK 02

ブッシュクラフトスタイル

無骨でカッコ良さを重視。不便を楽しむんだ

無骨でカッコいいキャンプって憧れるよね。ブッシュクラフトをイメージしてコーディネートしたスタイルがコレなんだ。ブッシュクラフトとは、**自然環境に身を置いたときに知恵を絞っていろんなものを作り出すこと。**このスタイルのときは、机や椅子は用意しない。**目的を限定してしまう道具は持たない**ようにしているんだ。だって、現地でクラフト作りに没頭するのが楽しいからね。テントやタープはデッドストックの軍もの。野営のために作られているものだから、とにかく丈夫だ。自然にもマッチするし、ミリタリーは、無性にそそられるんだ。

CABHEY'S
ONE
BACKPACK
01

「シンプルスタイル」のギアはコレだ！

- A 焚き火台（ピコグリル）
- B タープ（DEKINMAX）
- B' 備品（ビニール袋、除菌シート）
- C テント（LandField）
- D ポール類（テント、タープ用）
- E ナイフ類（Looking）
- F チタンストーブ（バーゴ）
- G ガストーチ（SOTO）
- H アルミホイル
- I テーブル（SOTO）
- J ペグ
- K ウォーターボトル（プラティパス）
- L クーラーバッグ（イスカ）
- M まな板・包丁（スノーピーク）
- N クッカー（YAEI）
- O メスティン・OD缶・シングルバーナー
- P ランタン（DOD）
- Q チェア（ヘリノックス）
- R 獣よけ
- S 寝袋（ナンガ）
- T エアマット（Sozzby）

— PICK UP! —

バックパック

20ℓのビジネスデイパックに収める!

ずっと使っているのは、この**ノースフェイスのシャトルデイパック。20ℓとそこまで大きくはない、いわゆるタウンユース的なリュック**なんだけど、これにすべてぶち込んでキャンプに行っている。ギアはコンパクトなものを選んでいるのもあるけど、上手く詰め込んでいけば意外と入るんだよね。**必要最低限のギアを厳選**すれば荷物って案外少なくて済むんだ。

テント

設営が簡単でポリエステル性の軽いもの

シンプルスタイルのテントは**簡易的なもの**をあえて選んでいて、とにかく**設置が早くできるものがいい**と思っている。ドームテントタイプはポールを２本入れるだけで張れるからめっちゃ簡単なんだ。テント設営の時間が早ければ早いほど、キャンプを楽しむ時間が増えるからね。ただあんまりボロっちいテントは、雨風に耐えられないものもあるから注意しよう。

— PICK UP! —

寝袋

軽量でかさばらない。寝心地もGOOD!

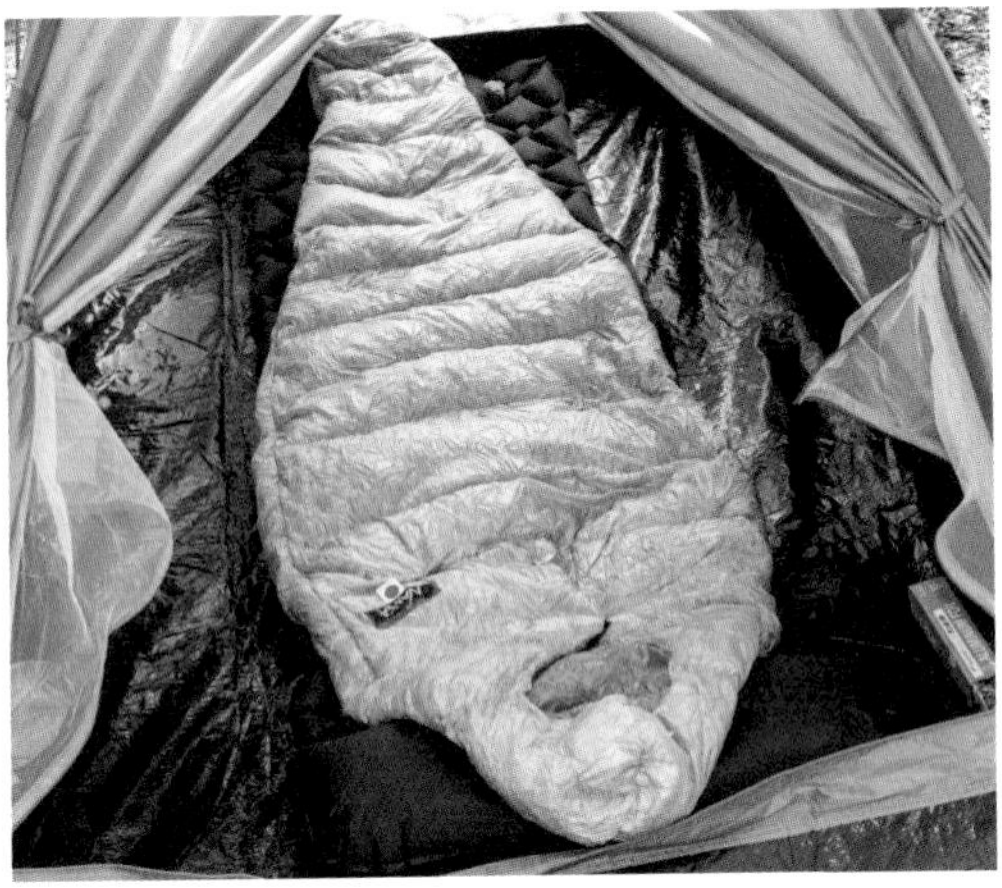

ナンガの寝袋は**永久保証が付いているから安心**して使える。ちょっと値は張るけど、一生使えると思ったら安いもんだよ。いろんな種類があるナンガだけど、シンプルスタイルに選んだのは**ミニマリズム180**。とにかく小さく収納できる。**使用温度も0℃まで**だから、真冬以外はこれで大丈夫だよ。寝袋はマジで重要だから自分に合ったものをしっかり選ぼう。

テーブル・チェア

収納サイズがコンパクトで軽い

チェアは**ヘリノックス**で最小のを見つけた！　強度もそれなりにあって、なんといっても**収納サイズが幅26cmと小さい。そして560gと軽い！**今はいろんなメーカーがコンパクトチェアを出しているので、実物を見て選んでみてもいいかもね。**SOTOのフィールドホッパーは開くだけで足が飛び出して完成**する、ポップアップテーブルだ。

— PICK UP! —

焚き火台

超薄型焚き火台のパイオニア

もう説明はいらないよな、ってくらいキャンパーが使っている**ピコグリル**。みんなとカブるのは嫌だな、といろんな焚き火台を使ってきたけど、ソロで持ち運ぶとなると、**薄型で軽量のコレにかなうものはないね**。実際に使ってみると選ばれる理由がよくわかる。この形状はかなり計算されたもので、**キャンプ場で購入する薪のサイズであっても、しっかりのる**。

料理グッズ

調理道具は必要最低限のものを

調理道具ってかさばる。スタッキングできるものを選んだとしても、そもそもが大きいから、重ねたところであまり意味がないよね。というかソロなんだから、そんなにシェラカップとかいらないだろ！ってことで、必要最低限の道具で済ませてます。**SOTOのクッカーやメスティン**の中にはランタンを入れたり、食材を入れたりして持ち運んでいるよ。

CABHEY'S ONE BACKPACK 02

「ブッシュクラフトスタイル」のギアはコレだ!

- **A** ランタン（フュアーハンドランタン）
- **B** ペグ（テントやタープを固定する器具・スノーピーク）
- **C** マット（キャプテンスタッグ）
- **D** テント（ポーランド軍）
- **E** タープ（旧ソ連軍）
- **F** ブランケット（ミルテック）
- **G** 寝袋（ナンガ）
- **H** ブランケット
- **I** ククサ
- **J** フライパン（ターク）・調味料各種
- **K** やかん（イーグルプロダクツ）
- **L** グローブ
- **M** 砥石
- **N** フイゴ（火吹き・ブッシュクラフト社）
- **O** ファイヤースターター（着火に使用）
- **P** 斧（ハスクバーナ）
- **Q** ナイフ（ケラム ウルヴァリン）
- **R** ドリル
- **S** ノコギリ（シルキー）
- **T** バックソーカバー（フロストリバー）
- **U** ガイロープ

— PICK UP! —

バックパック

超タフでギアが収めやすい

使いやすさと丈夫さを追求したバッグメーカー、フロストリバーは、19世紀アメリカで誕生した。ずっとこのバックパックは欲しかったんだけど、高価のため手が出なかったんだ。チャンネル登録者数が50万人に達したとき、自分へのご褒美として買ったんだけど、斧やマットなどブッシュクラフトスタイルに必要なギアが収めやすいし、この見た目がすごく気に入ってる。

テント & タープ

丈夫なオールコットンで耐火性もいい

テントはポーランド軍の軍幕、タープは旧ソ連軍のもの。動画で紹介したのをきっかけに軍幕の魅力にハマり、ブッシュクラフトスタイルキャンプの定番アイテムとなった。軍幕ってコットンでできてるからめちゃくちゃ重いんだけど、**火の粉が飛んでも燃えにくいし、ちょっとやそっとじゃ破けない**。ロウを塗っておけば、多少の夜露や小雨は弾いてくれるよ。

— PICK UP! —

寝袋

−4℃でも耐えられる防寒性

シンプルスタイルでも紹介した**寝袋のナンガ**。こっちのものは、ダウンの量が多い。**快適温度が− 4℃に設定されている**から、冬でも耐えられる仕様だ。軍幕の密閉性は一般的なテントよりも低いから、冬は寒いのが難点。そこを、防寒性の高い寝袋でカバーしてるってわけ。ナンガは撥水加工も施されているから、シュラフカバーがいらないって点もGOOD!

刃物

ブッシュクラフト三種の神器

ブッシュクラフトでは、木を加工していろんなものを作るための、斧とノコギリとナイフが必須のアイテムだ。ハスクバーナの斧は、大きさがちょうどよくて気に入ってる。ペグを打つのにも有効だしね。ノコギリがないと綺麗に枝の長さを調整できないし、ナイフは細かい作業に欠かせない。刃物類はロマンでもあるから、自分の好きなものを見つけてほしいな。

— HAVE IN COMMON! —

両スタイルに共通して持っていくものはコレだ！

撮影機材　キャブヘイ秘密道具〜〜！

って別に秘密でもなんでもないんだけど、YouTubeの撮影でキャンプに行くことも多いから、シンプルとブッシュクラフト共通の装備として、GoProと三脚は持っていってる。ケースの中に入ってるのは、交換用のバッテリーとライト。ライトはルーメナーを使っているんだけど、かなりの光量を確保できるのはもちろん、白色と暖色、両方出せるから重宝している。

備品　あると便利なもの

あると便利なのがアルミホイルと、ガイロープ、ファイヤースターターだ。特にアルミホイルは万能（P.68で追記あり）でいろんなことに使えるんだ。ガイロープは長めのもの1本。テントを張るときに使ったり、木と木を結ったり。できたら長いのをもっていきたい。だって、短いものは長くできないけど、長いものは短くできるじゃん？Genius man！

― ギアの選び方 ―

HOW TO CHOOSE

テント

ラップ、アルミ、ブルーシート、竹……。あらゆるテントで寝てみて、気付いたことがある。テントさえあれば〝キャンプ〟になるのだと。逆にこれなくしては、他にギアを揃えようと、That's 野宿。テントすら省きたくなる気持ちは、わからないでもないが、ここはグッと抑えてだな。え？　テント？　……いる？

ドーム

安くて、色や大きさが豊富なドーム式テント。ランタンを吊るすフックがついていたり、前室がついてたりとか、機能的に優れていてコスパいいやつが多め。自立するから、とりあえず組み立てて場所を決めてペグダウン……なんて張り方もできる（ドヤ顔）。

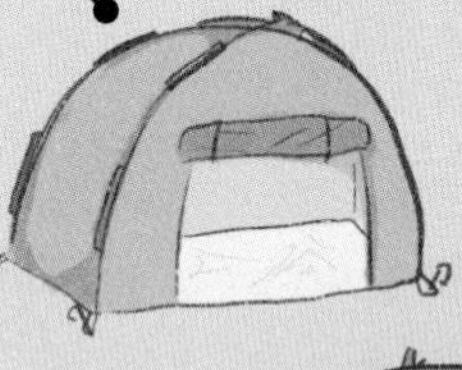

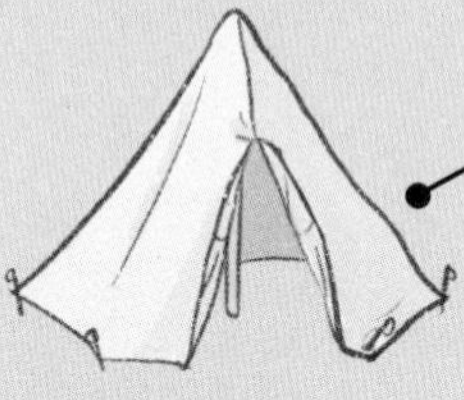

ワンポール

いかにも、ザ・テントって形のタイプ。仕組みがシンプルな分、組み立ても簡単。ポールを木の枝で代用することで荷物を減らすことができるぅ。ただ、端にいくにつれ、段々天井が低くなるから、しっかり内装レイアウトを練らないとデッドスペースしかねえ！

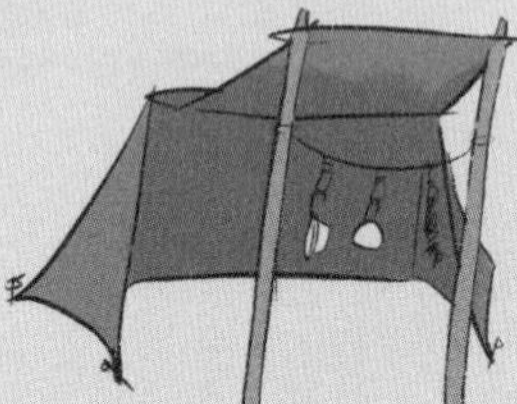

パップテント

ソロで地べたに座って作業をする人にはうってつけのテント。屋根を跳ね上げれば半屋内。テントに座っていながらにして、料理、クラフト、焚き火などすべてにアクセスできる作業スペースが得られる！　ただし、焚き火の煙がこもりやすいから自分が燻されないようにbe careful！

テント以外にも

テントだけがベース(拠点)じゃない！　ハンモック泊、タープ泊もテント泊とはまるっきり違ったキャンプになるのでぜひ挑戦してほしいな。どこでも張れるテントと違って、周囲の木や地形を利用しないといけないから何度やっても超エキサイティンッ！

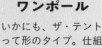

HOW TO CHOOSE

マット

翌日も元気にキャンプを楽しみたいなら、固い地面で寝るのはマジでおすすめしない。快適な睡眠にはクッション性＆底冷え対策が超大事！　テントと違って、見た目はどれも変わらないし、ぶっちゃけどれでもよくね？　ってなりがちだけど、テントや調理器具は最悪間違えても笑えるけど、寝具間違えたらマジで地獄見んぞ！

ウレタンマット

表面の凸凹のおかげで、薄く畳めて保温性もクッション性もアップ！　銀マットのように片面がアルミ加工されているものもある。よく忘れがちだけど、夏は銀色を下にして地熱をカット、冬は上にすることで体温を反射。反対で使うとハードモードになるから注意しろよ！

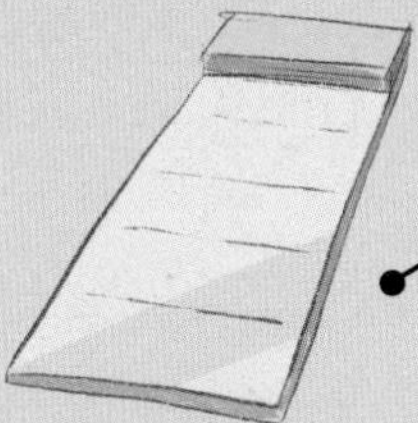

銀マット

ホームセンターで500円で買えるのに暖かいし固い地面でもギリ寝れる。ちょっぴり文化的な暮らしをしてるような気分になれる寝心地。安い分、気がねなく肩幅に合わせてハサミでカットして、自分サイズに調整もできる。余った分は畳んで枕としても◎。

インフレーターマット

バルブを開けると自動的に空気が入って広がる、ウレタンとエアのハイブリッド型。コンパクトさではエアマットに劣るけど、コット（P.35）の上に敷くのであれば、エアマットだと浮きすぎるからこれくらいがちょうどいい。仕上げに口から空気入れてやると空気圧の微調整ができる。

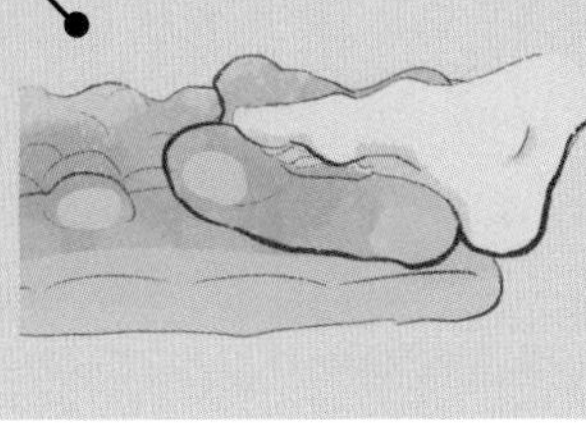

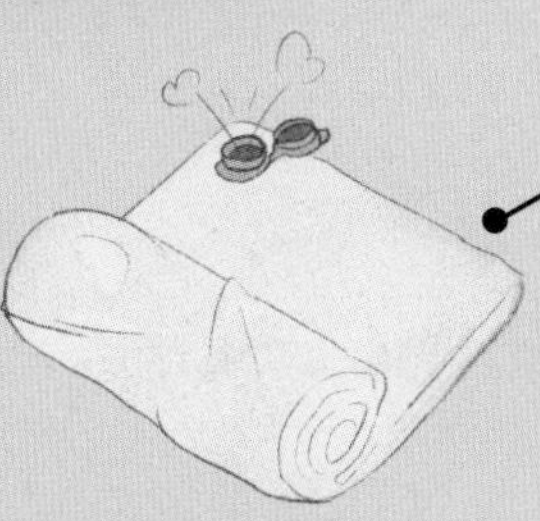

エアマット

機械や袋など付属品を使って空気を入れるタイプや、足踏みポンプ一体化タイプなどがある。折り畳み式に比べるとかなりコンパクトで寝心地も空気量で調整できる。「ちょっと豪華にグランピング気分を味わいたい」って人なんかは、こいつにシーツを敷いてやるだけで内装に高低差がついてメリハリが出て部屋感が増すんだよね。

寝袋

買った物がどんなに半端な物だろうと、たとえ家に忘れてこようと〝easy,easy!〟と笑って許せる。ただし寝具は除く。キャンプに行ったら思いのほか冷え込んで、寝袋の適正温度から外れたなんて日には血涙を流して朝まで膝を抱えることになる（3回ほど実体験）。

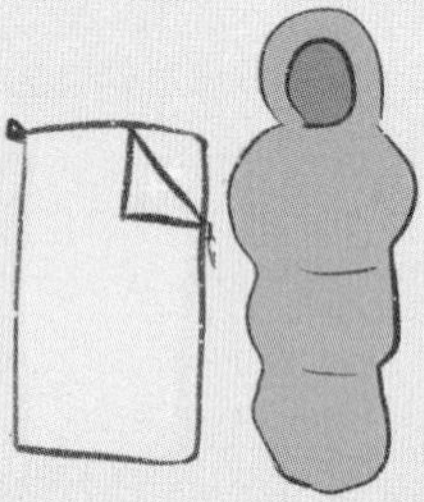

封筒orマミー

まず最初に決めるのは封筒型かマミー型か。封筒型は春秋で使う程度の性能だけど、端のジッパーを開ければ布団みたいな使い方ができる。カップルやちびっ子とだって一緒に寝られる。一緒に寝る相手がいないボッチ、もしくは冬にキャンプに行く俺みたいな寂しいヤツはマミー型一択。耳も心もキンッキンに冷えてやがる…!!

化繊or羽毛

化学繊維は羽毛ほどの保温力がない代わりに安価。だから質量で使用温度をカバーしてるんだけど、さすがに氷点下まで使えるやつともなると、それ1個で「はい、ワンバッグ終了」ってなりかねないくらいかさばる。コンパクトに抑えたい人は値は張るけど小さくて蓄熱性の高い羽毛も視野に入れたいね。

ダウンorフェザー

ダウンは羽毛、フェザーは羽根のこと。同じグラム数が入っていてもフェザーは羽軸ありきなので、ダウンならさらに暖かくコンパクトに使える。このあたりからは、コンパクト性にお金をかけるかどうかというフェーズ。登山とか寒冷地に行かないのであればそろそろ予算的に折り合いつけないとマジで沼。

ダックorグース

ダックはアヒル、グースはガチョウのこと。寿命の長いガチョウのほうが羽根がしっかりしていて保温性が高いんだけどその分値段も高い。てか、ここまで悩んでる人は、俺の本なんか参考にしてないでさっさと登山本とかを読んだほうがいいと思う。

HOW TO CHOOSE

バーナー

火器も人によってかなり個性が分かれるところで、使い勝手や特性、目的によって違うから面白い。湯が沸かせればいい人、火力にこだわりを持っている人、火持ちを第一に考える人…などさまざま。中でもバーナーは雨が降っていても即席で火がつくので、キャンパーにとっては頼もしい存在。自分に合った火のタイプを見つけようぜ！

固形燃料

一定の火力で20分程度で燃え尽きる、という特性を活かして、ほったらかしで炊けるメスティン炊飯などに使用できる。身近なところで手に入るし、気軽に数を増やして同時調理も可能。ただし風にあおられやすいから、風防付きの五徳も別で用意してあげよう！

シングルバーナー

OD缶っていうアウトドア用のガスボンベを燃料にしていて、火力調整ができるだけじゃなく、使い終わったらすぐに消火できるっていう、フットワークの軽さがいいよね。ただし外気が冷たいとガスの出が悪かったりするから、そんなときは冬用のOD缶を使おうね。

アルコールストーブ

燃料用アルコールを入れて使うシンプルな構造。見た目も渋くて使っているうちに味が出てくるし、燃料も本体も意外と安価。ただ、火から遠ざけることでしか火力調整ができず、最初はどれだけ燃料入れたら使い切れるかの見極めが難しい…。

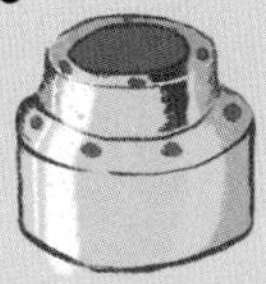

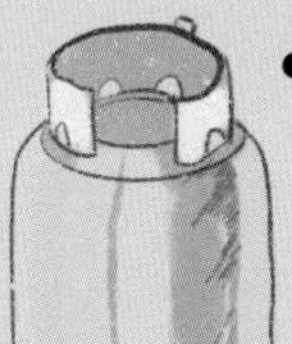

ウッドストーブ

ただ木を燃やすだけじゃすぐに燃え尽きるし、火力のふり幅も凄くて料理には扱いづらいけど、逆に小枝だけでもちゃんと燃やしてくれるのがウッドストーブ。燃料はそこら中にあるという安心感もあるけど、火にかけた食器に黒いススがつくから、洗い物はちょっと大変。

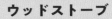

HOW TO CHOOSE

焚き火台

火はなくてはならない存在だけど、目的別に特化した焚き火台を選ぶと幸せになれる。器が変われば、火も全く違う表情を見せるんだよね。最初は安いのでいいから一通り試しちゃって、そこから自分に合ったものを探して、最適化していくっていう過程がすごく楽しかったり。最初から完璧を目指さなくていいんやで！ Take it easy !

メッシュ型

火をさえぎる物がなく、焚き火をよく見せてくれるタイプ。網とポールだけだからとっても軽量、コンパクト。トライポッドっていう三脚を焚き火の上に立てれば、食材や食器を吊るして料理ができたりする。

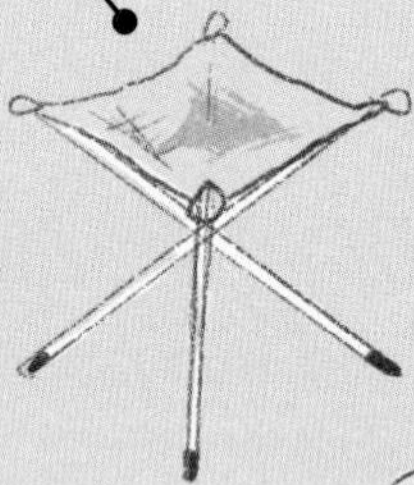

グリル型

観賞はもちろん、幅広な形を活かして炭をまんべんなく配置してやれば、火力調整もできて調理もしやすい。組み立てがそんなに難しくなくて、コンパクトになるものがおすすめかな。これが後片付けのときに効いてくる。

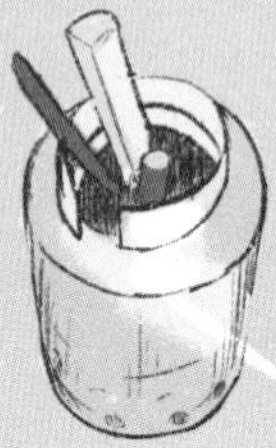

ピット型

ただコンパクトであればいいってわけじゃなくて、キャンプ場で買う薪が長すぎて収まらないということもあるんだ。メッシュ型だと重さに耐えきれなかったり、灰が地面にこぼれたり……。積載は大変だけどこれならそんな難しいことを考えなくても、文字通り火の器として使える！

ストーブ型

2度目の登場、ウッドストーブ。実は焚き火って最初のうちは上手く考えて燃やしてあげないとすぐ消えちゃう。だから空気の通り道を確保して、下から上に上がる火が燃え移りやすいように薪を組まないといけないんだ。ストーブ型ならとりあえずツッコんどけばよく燃えるよ！

HOW TO CHOOSE

テーブル・チェア

多分なんとかなるだろう、と思いきやそうでもないのが「座る場所」と「平らな場所」。料理とか作業のとき、地面レベルだとやりづらいし置き場所に困ることも。ファミリー向けの物だとhighタイプが多く、気軽に腰かけたり立ったりできるけど、ソロキャンでは腰を据え置いて、その場で作業するlowなシーンが多いかな。

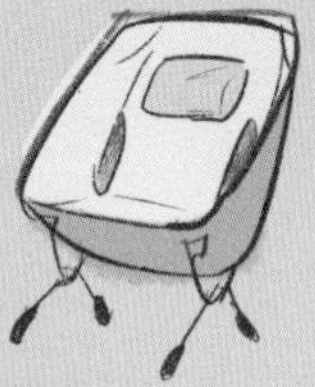

折り畳み式

開くだけですぐに座れるシンプルなタイプ。イラストみたいにレザーと木材でできたシャレたものから、アウトドアなナイロン生地のものまで。設営という設営がなく、開けば完成！　キャンツーするとき、ひんぱんに座ったり片付けたりが多いときに役立つ。

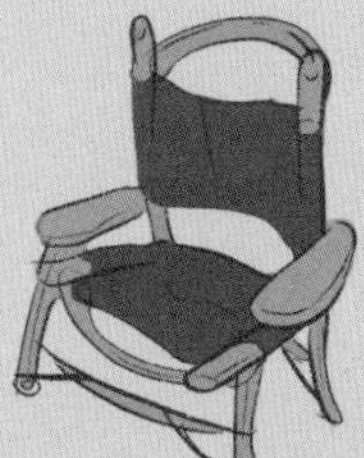

組み立て式

フレームを組み立てて、生地を引っかけるタイプ。設営はほんの少しだけ手間がかかるけど、コンパクトだし普通のキャンプならそうそう出し入れすることはないよね。ハイバックっていう、首まで支えてくれる座面が長いやつはチルするときに快適！

ロールテーブル

脚になるフレームを組み立てて、ロール状になっている天板を上からはめ込むタイプ。大きさも高さもいろいろあるけど、意外と「こんなんどこで使うねん」くらいのlowでnarrowなテーブルでも、あればなにかと便利。

ポップアップテーブル

B5サイズくらいのとっても小さな、脚と天板が一体になってるタイプ。サブとして使ったり、テント内のサイドテーブルとしてちょっとした使い方ができる手軽さが最高！　好きすぎるあまり2個持っていって無理矢理メインとして使っている。

HOW TO CHOOSE

ランタン

寒色系は近くの物の視認性は高いけどどこか寂しげ。暖色系なら遠くまで光が届くし、ボンヤリ現実離れした空間を演出できて非常にチル。ルーメン（光量）が高い、サイト全体を照らす&虫寄せのメイン、テーブルや料理をムーディに照らしてくれるサブ、手元の作業を照らす寒色のLED……。みたいに役割を分けるといいよ。

ガス

この中で一番手っ取り早く明るさを出せるのがガス。燃料は料理でも使うガスバーナーと同じOD缶を使うから別途用意しなくていい。燃焼するときに「ボーッ」ってかすかに鳴ってるから、静かにキャンプしたい人にはちょっぴりノイジーかも。

LED

燃料がバッテリーの電気だからコンパクトだし、火を使わない分、テントの中でも気軽に使える。安くて色温度が変えられる物もあるけど、やっぱり人工的な光に照らされて見える自然は演色性も低いので、できればサブとして使いたい。

ヘッド

サイトを離れてトイレに行くだとか、リュックの中を漁るってときに意外と困るのが手元の照明。ランタンを片手にできないこともないけど、ヘッドライトがあれば両手ともハンズフリーで、作業やトイレに集中することができる。

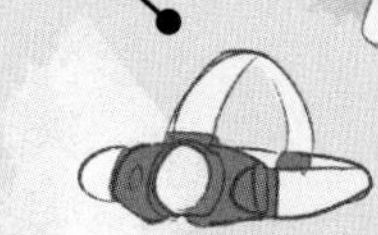

オイル

テーブルランタンとして雰囲気を出したいなら、やっぱり火が一番綺麗でロマンチック。代用としてキャンドルランタンでもOK。このギアは散財不可避。非常に濃度の高いオイリーな沼へのウェルカムグッズなので、あまり深くは知らないほうがいい。でもオイルはいいぞォ〜。

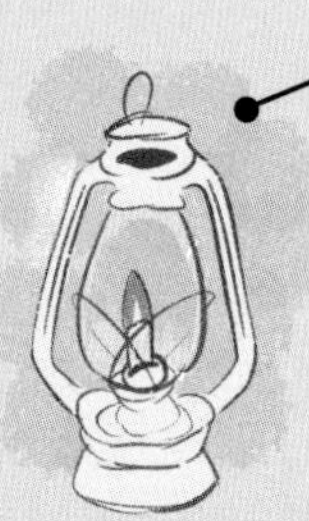

HOW TO CHOOSE

ナイフ

苦楽を共にするナイフは、もはやギア通り越して相棒。ただ一本「コイツさえあればなんとかなる」と思えるお気に入りのナイフがあれば、もう何が起きても楽しめるってくらい気分をアゲてくれる！　サムライの〝刀〟とかハリー・ポッターの〝杖〟かってくらい、キャンパーにとって象徴的なアイテムだと思う。

フルタング

よくナイフを斧のようにして、木を割ったりするのに使うシーンを見るが、刀身がグリップの部分まで入っている〝フルタング〟でなければ早々に折れてしまう。こういうタフな使い方がしたいなら、最後までチョコたっぷりなトッポみたいなナイフを想像するといい。

フォールディング

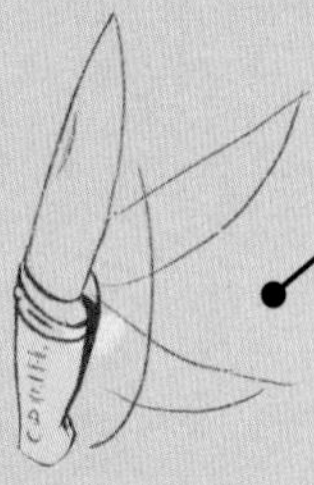

コンパクトで威圧感がない分、気軽に使える。酒のアテである発酵させた動物の乳や乾いた肉を切る、みたいなサブ的な使い方をしたい。代表格である「OPINEL」は、かつてフランスでは子供の祝いに送られ、ナイフと共に育ち、まるで懐刀のように扱っていた……という逸話があるとかないとか（適当）。

ブッシュクラフト

木を切ったり割ったり、何でもこなせるフルタングも繊細な作業はあまり得意じゃなかったりする。破壊力は繊細さとのトレードオフ……。細かい加工をする作業は、刀身が短くて扱いやすいこのナイフに任せておけば、メインナイフは安心してロマンを追求できる。

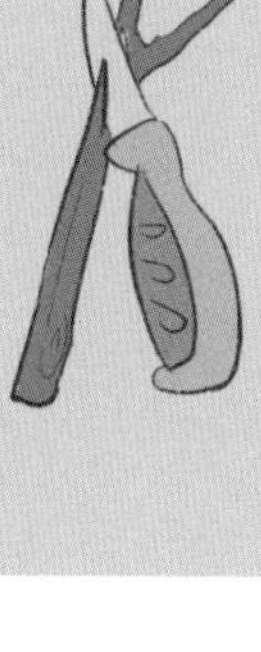

十徳

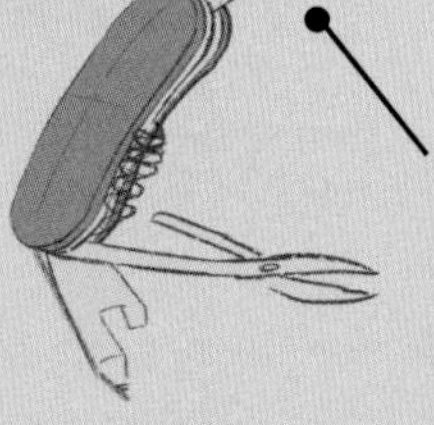

ハサミ、プライヤー、栓抜き、缶切り、ドライバー……。1つのガジェットにあらゆる機能を集約した、まさにロマンを体現したようなアイテム。よく考えたらナイフ以外の機能、全然使いこなせてない気もするけどそんな細けぇこたぁどうでもいいんだよォ!!

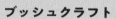

HOW TO CHOOSE

車で行くなら

この本全編を通して、引き算をするキャンプをすすめてるけど、だからこそ、たまに足し算をしてやることで、道具のありがたみや楽しさを一層強く感じられたりする。せっかく車で積載が自由にできるなら、道具をグレードアップして、より便利にするのもいいけど、豊かさをフルに味わえる嗜好品や娯楽品もアリじゃないかな。ここでは俺の愛用品を一例として紹介してるけど、自分でこれやったら楽しいんじゃないかってものがあるなら持っていってみよ～！

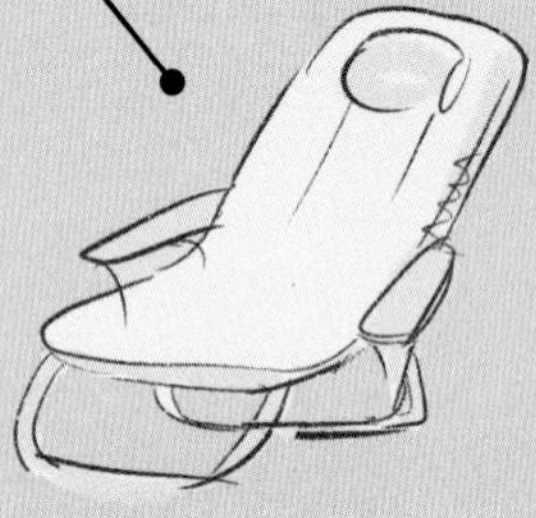

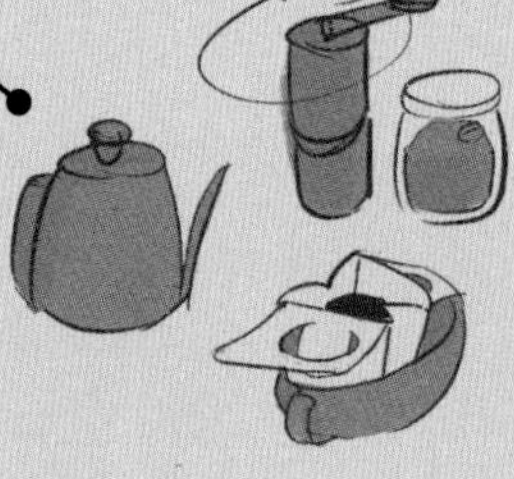

ソファ

せっかく自然の中でチルするなら、ちょっとくらいかさばってもドープな椅子が欲しい！　首が預けられるハイバックで、リクライニングできるこの椅子に座って目をつむれば、都会で感じる嫌なことも、秒で忘れられるね。

薪ストーブ

テントを荷物置き場や寝に帰る場所としてしか使ってなかった冬キャン…。だけどコイツがあれば室内でも快適に本を読んだり晩酌したりできる！　ただ、これはテントメーカーからは一切推奨されていない。一酸化炭素中毒にならないようしっかり排煙して、必ず一酸化炭素チェッカーを置いておこう。やるならよく調べた上で、自己判断で。

コーヒーセット

別に味にうるさいほうじゃないし、インスタントでも全然いいんだけど、持て余すほどある時間をゆっくり贅沢に使えるのもキャンプの醍醐味！　フィルターは100円ショップで売っている、カップに引っかけられる紙のドリッパーが便利だぜ。

コット

バイクでのキャンプだとかさばって、くくりつけ必至になるから、なるべく持っていきたくない……。だけどやっぱ寝心地は最高。地面の状態を気にせず、どこでも安定して寝られるし、脚の長いやつはベンチや物置きテーブルとしても使える。

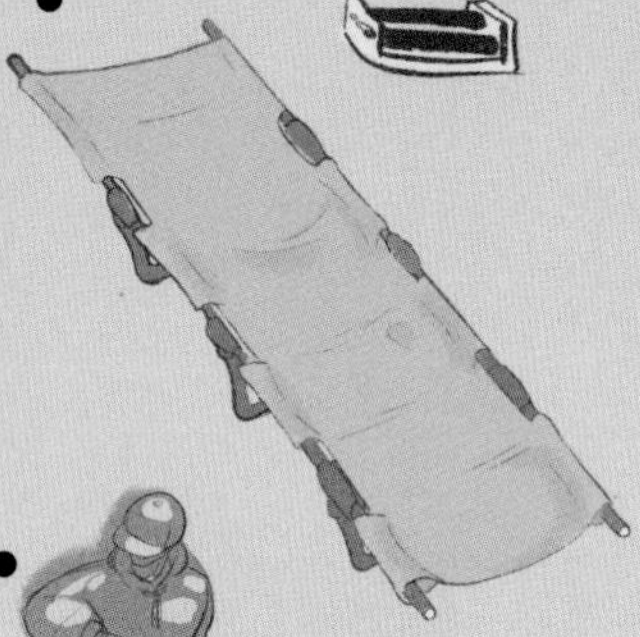

タバコセット

普段なら面倒くさくて絶ッ対やんないけど、キャンプ中ならタバコを巻いている時間も至福。タバコ葉と巻き紙、フィルター、ローラーの一式を持っていくんだけど、出発前に調味料や薬味を雑に巻いて入れておけば、特許もらえるんじゃないかってくらい料理がはかどる。※ヤニは二十歳になってから。

ダートバイク

例えば近隣に何かしらあるキャンプ場なら、散策するときに自転車があると便利。だけじゃなく、悪路を走ってるだけでマジで楽しい！ なんで舗装路しかない都会の自転車屋で、当たり前のように〝マウンテン〟バイクがあるのかわからなかったけど、きっとこのときのためだよな。

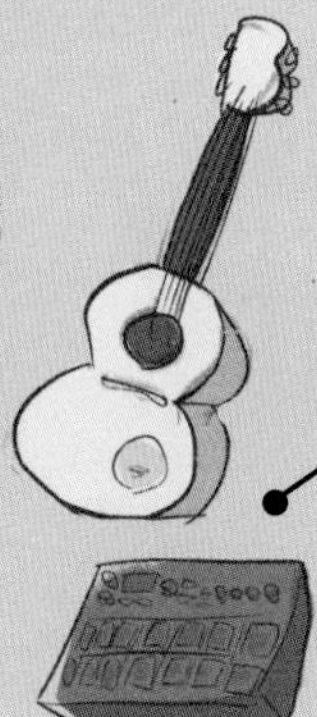

楽器

焚き火を眺めながらギターの練習をしたり、自然音をサンプリングしてビートメイクしたり……。まだまだヘタクソだけど周りの目がない場所なら没頭できる。他に利用者のいるキャンプ場では迷惑になるからダメ、絶対。

釣り竿

キャンプと合わせて楽しむのにおすすめなのがフィッシング。釣った魚をそのままその日の晩ご飯として食べられるし、食料も自給自足しちゃえば「もういっそサバイバルできるんじゃね？」って、何でもばっちこいな気分にもなれる。

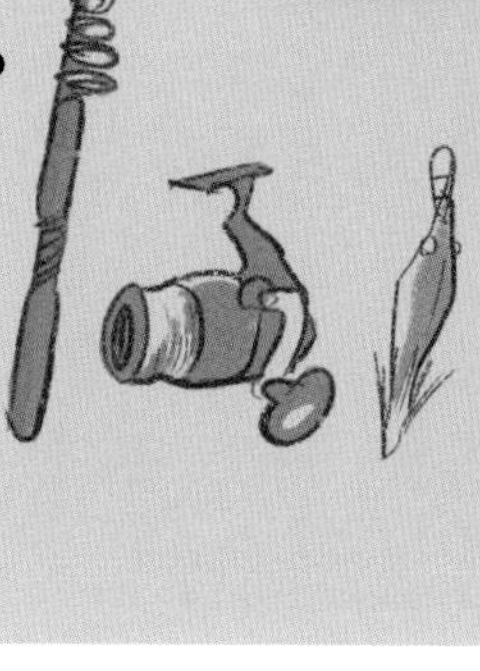

WOW!

MY FAVORITES

100円ショップの超便利グッズはコレだ

キャプヘイが実際に使ってみてよかったものを厳選して紹介しよう。
侮るなかれ100円ショップ。マジで使えるもの、たくさんあるyo！

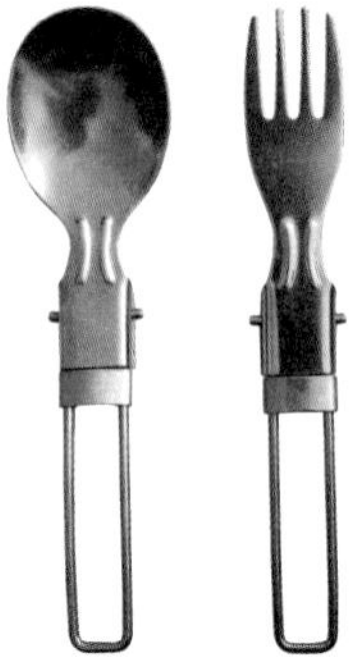

カトラリー

折り畳めるのがかなりポイント高いよね。めっちゃ小さくなる。この取手も取れるので、洗うのもラクラク。

Like!

インスタントコンロ

例えばデイキャンプ。火をイチから起こすなんて面倒くさくてやってらんないyo！ってmenはマスト・バイ。

COOKING

メスティン

トランギアのものより少し小さめなんだけど、それが逆にソロにはちょうどいい。かさばらないのも嬉しい。

Foo!

GOOD!!

固形燃料＆五徳

固形燃料１個分の燃える量でできるレシピっていっぱいあるよね。自動レシピって本当に楽ちんでいいんだよな。

OTHERS

スパイスケース

こういうものに入れて保管して持っていくようにすれば、俺みたいに気がついたらみりんが６本あったなんてこと、なくなる。

カラビナ付きコップ

こう見えてコイツ、二重構造なんだぜ？　保冷保温はお手のもの。取っ手がカラビナだから持ち運びも楽。

ロープハンガー

ロープワークを覚えられない人向け。物を地面に広げることから、吊ることを学べば、congrats!　３次元へ突入だ。

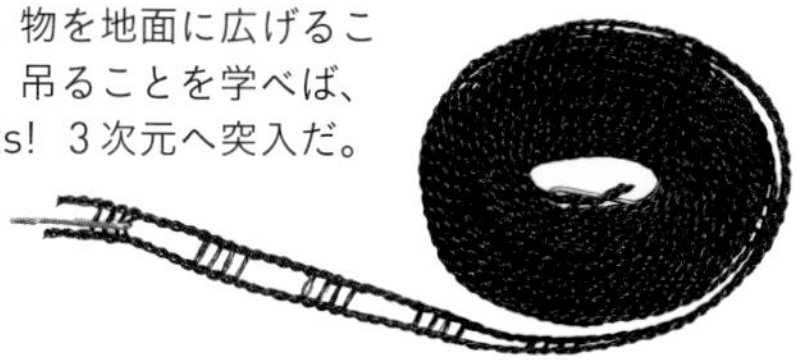

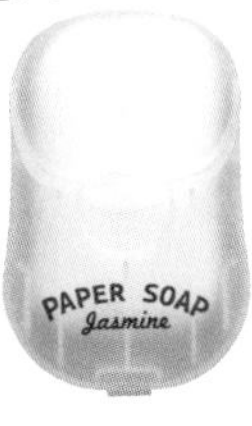

紙せっけん

ハンドソープって小さいものが意外とないんだよね。この紙せっけんはこの小ささでもしっかり泡立ってくれるから好き。

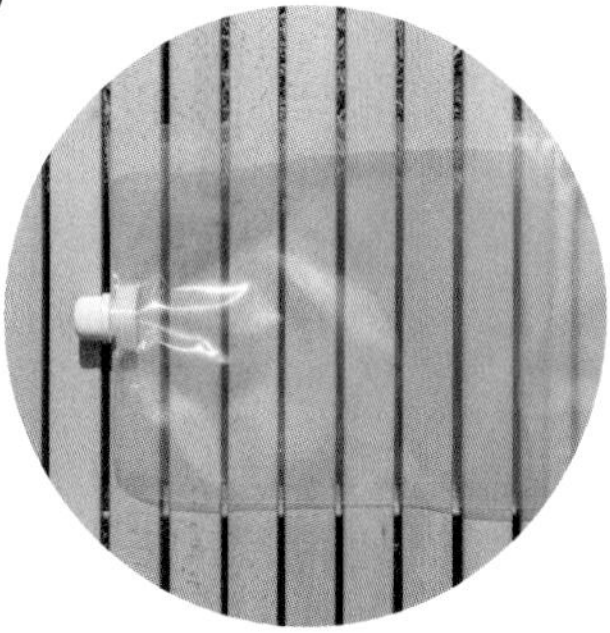

ウォーターバッグ（3.9ℓ）

大きすぎず小さすぎない。意外とこのちょうどいい大きさのものってなかったから求めていたサイズ。

フッククリップ

ポールに付けてビニール袋をぶら下げれば簡易ゴミ箱に。俺はブッシュクラフトに使ったりもしているよ。

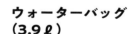

COLUMN

01

ないものは
現地調達すればいいんだ!
不足を楽しめ。

ブッシュクラフトスタイルのバッグの中身にはテーブルとか椅子は入っていない。ないものは作る。それがブッシュクラフトだと思っている。クラフト目線で一度山に入れば、いろんなものが目に付くようになる。例えば切り株はテーブルになりうるし、丸太は椅子になる。Y字の枝はフックになるし、組み合わせれば、クレーンだって作れそうだ。それに加工という作業が合わされば、作れるものはもう無限大。こういう具合に、まるで宝探しに行くように散策していると、いろんなものと出合えるんだ。不測の事態に凹んでいる暇はない。むしろそれを楽しみにキャンプに行く、くらいはあるよね。

CHAPTER 2

JUST DO IT!

自由気ままな
ソロキャンプ!

ソロキャンプって
ハードル高いって思っていない？ don’t be afraid!
むしろみんなで行くより自由気ままで楽なんだ。
俺はリュック１つで
いつもソロキャンを楽しんでる。
俺がいつも使ってる道具や
俺のキャンプでの所作を紹介するよ。
きっと、あ、こんなに簡単なの?
楽しそう！　って思ってくれるはずだ。

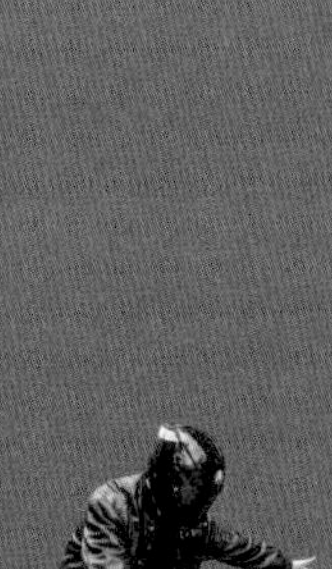

キャンプブームだ。過去にもキャンプブームがあって、家族の週末レジャーとして楽しまれていた。我が家も、親父が「テント買ってきたぞお！」と意気揚々に間違えてタープを買ってきて、家族同士のキャンプで集まる中、俺たちだけ日帰りしたのが今でも忘れられない（笑）。

だけど、家族で楽しむキャンプとは目的が全く異なる。「ソロキャンプ」ってのは、現実逃避にうってつけのレジャーだ。誰にも邪魔されず、自分だけの時間を自由に使える。日の出とともに起きて、自然に身を任せて寝る。なんのしがらみもない、完璧な自由時間。

ＳＮＳが発達した世の中になって、常に他人と関わっているのがデフォ。既読ついたらすぐ返信

CABHEY'S SOLO CAMPING

自分の本能と素直に向き合えるのがソロキャンプの魅力なんだ

して、一日中タイムライン張って、いいね！　の数が自分の価値……って、気にしちゃう。

　でもたまにはさ、〝取り込み中〟とか〝離席中〟があってもいいじゃん。他人基軸から一旦離れて、自分の本能と素直に向き合えるのがソロキャンプなんだ。とはいえ、初めて行くときは、何から始めていいかわからないよな。俺もそうだった。でもやってみると意外と簡単なんだ。

　この章では、普段の俺のソロキャンを紹介している。少しでもキャンプの楽しさが伝わってくれれば嬉しい。

コワカッター
川!!

海!!
蟹GETだぜ

キャンプ場を探そう!

野原!!
寝床
完成

ここを
キャンプ地とする
山!!

キャンプ場と言えば、海や山、川や高原などいろんな場所があると思う。どこに行こうかなって思うとき、**まずは自分のやりたいことを考えてから選ぶ**ようにしているんだ。例えば**釣りがしたいなら海**。海沿いのキャンプ場であれば、釣った魚をそのまま自分のサイトに持っていってすぐさばいたりできる。**山ならクラフト目線で宝の山**だから、ブッシュクラフトには最適だ。高原も推したい。暮れていく空は、数分ごとに景色が変わるし、夜に見える満天の星は都会とは別物。川の流木を集めていろんなものを作ったりするのも楽しい。何がしたいか。それを決めればどこに行くといいかが見えてくるんじゃないかな。

情報を集めろ!

キャンプ場の周りに何があるかを把握しておくと、当日何かが起こっても落ち着いて対応できる。最低限この８項目の情報は見ておこう!

1 近くにスーパーはある?

キャンプで飢えるって最悪だよね。狩猟するわけにもいかないから、キャンプ場に食材は売っているのか、近くにスーパーがあるのかを確認しよう。何を作るか決めておけば買い出しも楽になるよ。

2 天気はどうだ?

まさか雨を狙って行くなんてツワモノはそうそういないと思うんだけど、天気は事前にチェックして行こう。ましてや山の天気は変わりやすい。晴れ予報でも現地は雨なんてザラにあるから、雨対策は忘れずに。

3 周りに何がある?

キャンプって自由時間が多いから、やることなくなっちゃったな……。なんてことにならないように、周りにどんなものがあるか見ておこう。温泉があったらラッキーだし、川や林道も楽しめる要素だよね。

4 予約できる?

キャンプ場によっては予約不可のところがある。ましてや人気の場所だったら当日行っても入れないなんてことも。そうしたら路頭に迷うことになっちゃうから、予約の可否や混み具合をチェケしておこう。

5 薪は拾えそう?

焚き火がしたくてキャンプに行く人も多いと思う。焚き火には薪が必要だ。キャンプ場で拾える（許可必要）ならいいけど、薪を売っているかなどを確認しておこう。事前調達できそうなら持っていくに越したことはないね。

6 売店はある?

最近は売店も併設しているキャンプ場が増えてきたよね。売店があれば、薪やガス、食材なども買えるから持っていくものを少なくすることができる。ただ、何が売っているのかは把握しておくことが大切だ。

7 車やバイク入出庫時間は?

チェックイン、チェックアウトの他にも、そもそもそのキャンプ場に出入りできる時間帯が制限されている場合がある。ここを把握しておかないと、買い出しや温泉とかに行けなくなるから注意しような。

8 トイレはある?

最後に重要なのがコレ！　当たり前だと思っていることが危ないんだ。実際にトイレがない、もしくは紙がないとか全然あるから。有料のキャンプ場ならまずあるけどね。備えあれば憂いなしってね。

レイアウトとは!?

木陰を生かせ!

夏にキャンプをするなら、日差しがマジで強敵。タープを張って防ぐのもいいけど、自然の木陰も意外と涼しいんだ。あえてハンモックを選ぶのもいいかも。

ロケーションを先取りしろ!

景色がいいキャンプ場に行ってもそれが見えないところにテントを張ったら本末転倒。テントを張る位置に注意しながら自分だけのチルスポットを見つけよう。

最高のサイト

なわばりを作れ!

自分と自然の境界を意識してみて。それが音楽なのか匂いなのか、ロープなのか。その境界の中がキミのなわばりだ。境界がはっきりしてこそ、自然をいつもより感じることができるぞ。

街灯を上手く使え!

キャンプ場には外灯が点々と配置されていることがある。その外灯の光を上手く利用すればランタンの光量がなくても比較的制限なくキャンプができるぞ。まぁ寝るときは邪魔だけどね。

SETTING UP A TENT!
テントを張るZE★

キャンプ場にもいろいろある。**仕切られた区画サイト**なのか**フリーサイト**なのか。選ぶときに共通している基準は、**テントの中から見える景色**。あとは**太陽の位置に気をつけろ！**ってことかな。朝起きてテントを開けたときに見える景色ってホントに大事で、眺めがいいと朝の気分が全然違うんだ。それと日中快適に過ごすためには太陽の動き方を考慮することも重要。日光浴をしたければ夕方まで太陽の光を受けられる位置にテントを張りたい。あとは自分の好きなテントをいかにかっこよく立てるかだね。見た目がよければ、それだけでテンションも爆上がりするじゃん？

① ここをキャンプ地とする!

もし自由に場所が選べるキャンプ場なら比較的広くて、平地を選ぶことをおすすめする。それに越したことはない。

② 整地しよう

テントを張る場所が決まったら大きい石や枝などを拾って軽く整地しておこう。テントのフロアが破けたら嫌だからね。

③ 太陽の向きを確認

テントを実際に張る前に太陽の動きをチェック。俺は朝日に蒸し焼きにされないように意識して張っているよ。

④ テントを張る

次に張るタープの位置や出入り口の位置を見る。焚き火はどこでしようとかサイト完成図を頭に描きながら張っていこう。

⑤ ペグダウン!

オンオンオン！　テントが吹き飛ばされると危ないから、しっかりペグを打ってテントを固定しておこう。

⑥ フライシートをかける

風雨の侵入を軽くするフライシートもちゃんと張る。ここをめんどくさがると、もしものとき後悔で泣くことになる。

SETTING UP A TARP!
タープを張るZE★

俺は**タープの大切さ**を身をもって感じている。動画ではアルミホイルテントとかラップテントとか過酷なキャンプを試してきたけど、このタープがあるとないとでは、快適さが全然違うんだ。**強すぎる日差しや雨、風から身を守ってくれる。**あとなにより屋根があるっていう安心感。素材は**軽さを求めてポリエステル**のものを使っているけど、**焚き火とかするならコットン生地**のほうが燃えにくくていい。大きさは自分の作りたいスペースに合わせて考えてみよう。張るときに木とかも利用すれば思いがけないスペースになったりする。俺ももっといろんなタープの張り方を試したいなー。

① 切り株見つけた!

サイトに平らな切り株があったら、テーブルに使っちゃおう。だからここを食卓としてタープの位置を決めることにする。

② ポールの位置をチェック

張る場所が決まったら、ガイロープやポールの位置をおおまかにつけよう。障害物が邪魔で張れないときもあるからね。

③ ロープワークは便利!

タープを張るときに少なくとも、もやい結びと自在結びを覚えておくと便利だ。俺は8種類くらいは覚えているかな。

④ 仮決めして様子を見よう

ペグを軽く打って実際にタープを広げて様子を見よう。奥まで刺すと修整するときに面倒だからね。

⑤ ポールを調節

メインポールは何個か分割できるものが便利。天井の高さを変えればオープンにしたりクローズにしたりできるよ。

⑥ ペグダウン!

場所がすべて決まったら全部オンオンと打つ。テントより風の影響を受けやすいから、しっかりペグダウンしよう。

CABHEY'S
CAMP ROUTINE

キャブヘイキャンプの1日の過ごし方

最近はブッシュクラフトにもハマっていて、山にこもっている。
テントは動画でも紹介したポーランド軍の軍幕がお気に入りなんだ。
今回は俺の１日のキャンプを紹介するよ。それじゃあ、早速いってみよう！

9:00

入山

自然がそのままの形で残っている、限りなく野営地に近いキャンプ場に来た。今日はここでブッシュクラフトをやってみようと思う。

10:00

テント設営

easy!

Wow!

落ちている太い枝をポールに使うことが多いんだ。いつも使う長さを覚えているから、ちょうどいい枝を探しに行く。まっすぐで乾いているものはSSR。

加工と整地

拾った枝はそのまま柱に使うとテントやタープを傷つけるから、ナイフで先端を面取りする。テントを張る位置の整地もしっかりやろうぜ。

11:00

サイトができたっ!

太陽の位置を確認して……。テントとタープが張れた！　拠点が決まればあとは自由時間。何をするにも自由なのがソロキャンの醍醐味だね。

12:00

ブッシュクラフトしたり…

簡単にできるブッシュクラフトは色々ある。ファイヤーリフレクター（P.66）やポットクレーン（P.62）を作って遊んでるよ。一期一会の枝に出合えたときの喜びはハンパない！

16:00

昼寝という贅沢な時間

昼メシ食ったら眠くなってきた。遊びたいときに遊び、眠くなったら寝る。子供の頃、夢見た最高のぜいたくが、ソロキャンなら許されるんだ。

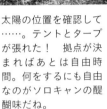

18:00

焚き火しよう

作ったファイヤーリフレクターの前で焚き火。夜になると森の中は真っ暗になるけど、焚き火があれば明るいし暖かいし、心強い。木の爆ぜる音と木々のざわめき。あ〜、たまんね〜。

21:00

夜の自由時間

携帯で本を読んだり…
道具の手入れをしながら夜の時間を過ごすんだ。

22:00

明日を夢見て

いつもより早めの就寝になるのはキャンプあるある。明日はアレ作ろう、コレやろう……。考えているうちに、気づけば寝てる。

chill out!
agv

CABHEY'S CHILL OUT WITH "BONFIRE"

焚き火でチルしようぜ

別にオカルトを信じるタイプじゃないけど、焚き火ってひょっとして可視化された神じゃね？って思うことがある。山にいるとき、ふと孤独を感じて火を灯すと、〝everything's all right〟と言わんばかりに隣に誰かいるような安心感を得られる。火が消えると今度は、まるでそれまで賑やかだったフロアから、BGMや人が急に消えたみたいにいきなり静かになるんだ。サルがヒューマンになる過程で文化的に学習して、刻み込まれたメモリーがそう感じさせてるだけかもしれないけど。

でもそれにしたって、ノルウェーで8時間垂れ流しの〝焚き火の番組〟が視聴率20%を取って、それを観た赤ん坊は泣き止むとかまで言われるんだから、着火するという行為もあながち儀式のように思えて仕方がない。半面、少しでも誤ると人の命をも脅かす、まさに畏敬の対象という言葉がピッタリの絶対的で普遍的な存在。

見るたびに形を変え、パチパチと小気味いい音をたてる焚き火を見ていると不思議と浄化された気持ちになる。だからか何が面白いでもなくずっと見ていられるし、もはや「焚き火しにキャンプに行く」くらい、楽しみにしている。

コレが俺の焚き火道具だ!

- **A** 焚き台(ピコグリル)
- **B** 焚き火シート(アルミホイルで代用)
- **C** 斧(ハスクバーナ)
- **D** ノコギリ(シルキー)
- **E** ナイフ(ケラム ウルヴァリン)
- **F** ファイヤースターター(着火に使用)
- **G** フイゴ(火吹き・ブッシュクラフト社)

CHECK! 薪の種類を見てみよう

薪

キャンプ場で売られている一般的な薪。枝まで火がついていれば薪にも簡単に火はつく。一気に燃やさないよう様子を見ながら投入!

枝

小枝の火が安定してきたら、より太めの枝を投入。これに燃え移ればもう焚き火は完成間近だ。

小枝

着火剤に火がついたらすかさず投入するのがこの小枝! 燃えやすいものから徐々に火を大きくしていくんだ。

杉の枯葉

手に入りやすい自然の着火材。びっくりするほど炎が上がるから量は少なめから調整しよう!

薪割りのコツ

木目をよく見てみよう。木目に沿って斧やナイフを入れるとすんなり割れる。

いきなり割ると危ないから、まずは少しだけ刃先を食い込ませる。

そうすれば刃に薪がくっついてくるから、そのまま振り下ろすだけ！

フェザースティックを作ってみよう

※フェザースティック＝ナイフで薄く削って羽根状にした薪。

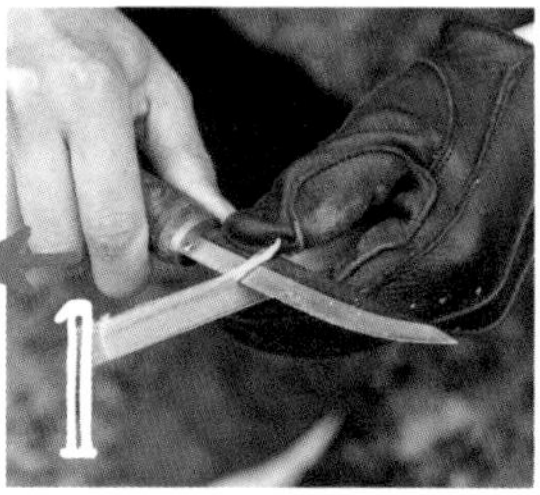

皮をこそぐようなイメージで薄く削っていく。

1でできた角張った部分を、薪を回しながら削っていく。

それを繰り返すだけでフェザースティックの完成だ！

火つけから消火まで

焚き火台の上に杉の枯れ葉をセット。

ファイヤースターターの表面を削って、マグネシウムの粉を適量落とす。

2に向かってナイフで火花を散らし火をつける。

いける！
いける！
4
作ったフェザースティックに火を移していく。

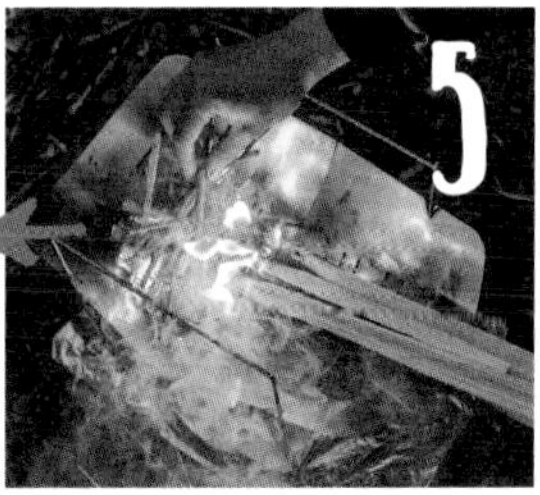
5
4 に小枝をのせてどんどん火を大きくしていく。

6
フイゴ（P.56）を使って空気を送れば、どんどん火は大きくなっていくぞ。

7
さらに枝をのせて火を安定させていこう。

8
最後に薪をのせて焚き火の完成だ。

適宜薪を足したり、フイゴで吹きながら焚き火を楽しもう。

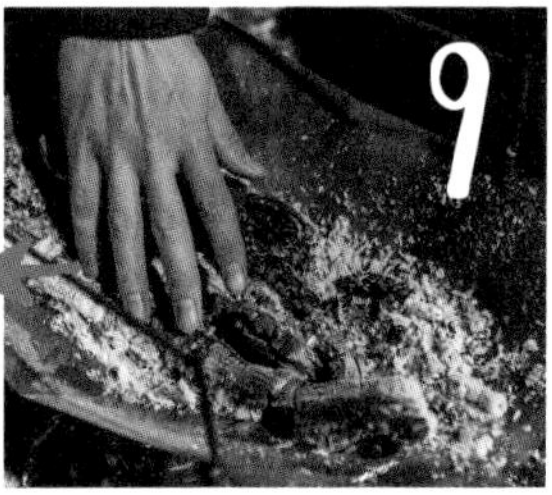
9
消すときは、水をかけるんじゃなく、完全に鎮火するまで待つべし。

ルールは
守ろう！
10
灰などはキャンプ場指定の炭捨て場へ捨てよう！

焚き火の楽しみ方は自分次第だ！

CHECK!

焚き火はルールを守ってやろうぜ！

基本的に焚き火台を使用する

特に焚き火の知識がないうちは焚き火台を使用しよう。焚き火台によっては焚き火シート（焚き火台の下に敷くシート）が必要なものがあるので注意してね。

直火でやる場合は地面を掘る

直火OKのキャンプ場の場合に限るが、焚き火をする場所はしっかり地面を掘って黒土の上でやるようにしよう。

ゴミは燃やさない

燃えるゴミは燃やしちゃいがちだが、有毒ガスが出てしまう場合がある。自分はともかく他人や自然に迷惑をかけるようなことはしちゃダメ！

焚き火台の周りを要チェック

焚き火から火の粉が散って燃え移る可能性があるから、燃えやすいものがないかよくチェックしよう。周りの杉の枯れ葉はしっかりクリアリングしておこう！

残った炭や灰は指定の場所に

鎮火後の炭や灰はキャンプ場指定の場所に捨てる。捨て場なしの場合に備え、火消し壺を持っておけばパーフェクトだ。

風向きに注意しよう

風下にテントなど燃えるものがあると、火が移る可能性がある。自然をコントロールできる〝能力者〟以外は注意してね。

CABHEY'S BUSHCRAFT

ブッシュクラフトしようぜ

海外の野営動画を観て衝撃が走ったのを覚えている。ぶっちゃけキャンプを始めてすぐは「キャンプ？ 自然に絡みのない都会人のレジャーっしょ」くらいにしか思ってなかった。けど彼らは自然と共生するだとか、人間の本能的なセンスを回帰させる……といった、強いリスペクトと理念を持っていたんだ。

そんなに難しく考えなくたって、岩を転がせばチェアになるし、丸太を割ればテーブルになる。工夫して打開していくのはゲームみたいで楽しいし、雑木林も宝の山に見える。いかに自分が自然というものに生かされているか、社会での意味や役割に固執してたかと気付かされるよね。

【 Aチェア 】

A-CHAIR

木で作った三脚に布を引っかけるだけの簡単チェア。布用の接着剤があれば裁縫しなくても簡単にできるよ。

HOW TO

1 写真の大きさに切り出した布に布用接着剤で、木を巻きつける用のループとロープを巻きつける用のループを作る。

2 トライポッドを作っていく。直径10cm、長さは自分の背丈くらいの枝を３本用意し、のこぎりで長さを揃える。

3 ❷の枝をひとまとめにしてロープできつく縛る。

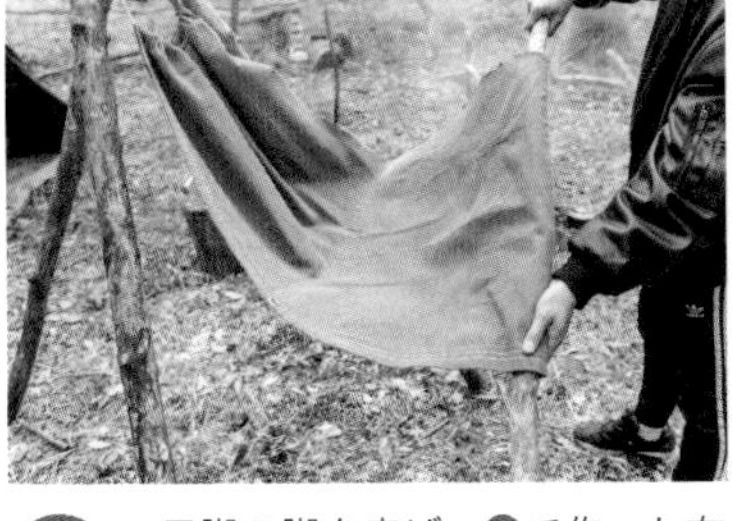

4 三脚の脚を広げ、❶で作った布を上からかければできあがり。

【 ポットクレーン 】

POT CRANE

焚き火の上にケトルなどを吊るすためのクレーン。たくさんの枝を使うけど意外とEASYにできるし、なんと言ってもこの映え！　ブッシュクラフトしてるって感じ。

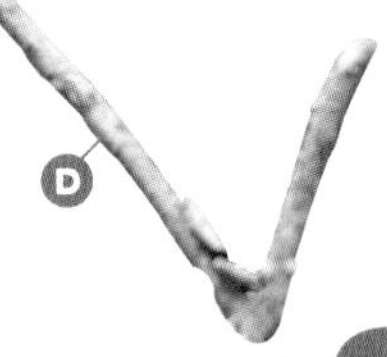

HOW TO

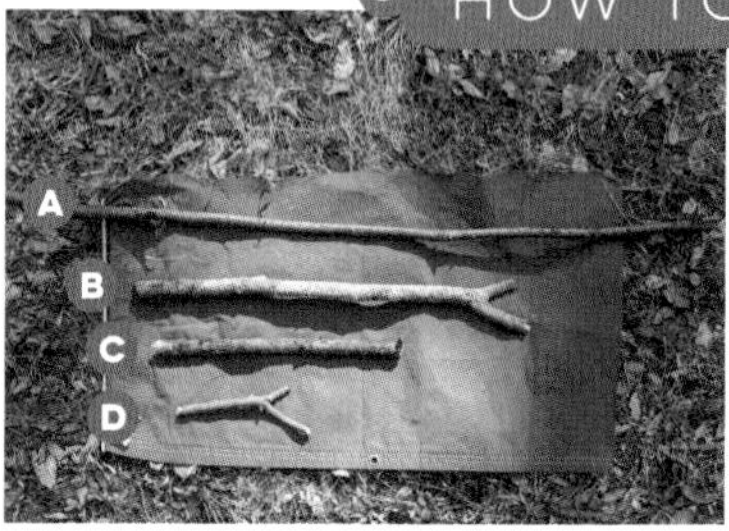

1 木の枝を準備しよう。Ⓐクレーン、Ⓑ本支柱、Ⓒ渡し棒、Ⓓペグ。

↓

2 Ⓑの片方の先端は土に刺すので、斧で先を尖らせていく。

3 Ⓓの二股に分かれているほうも土に刺すので、両方をナイフで尖らせていく。

↓

4 Ⓐの上に来るほうは、Ⓒを引っかけるために使うので、平らになるように加工する。

5 Ⓒの長さを実際にあてがってみて見当をつける。

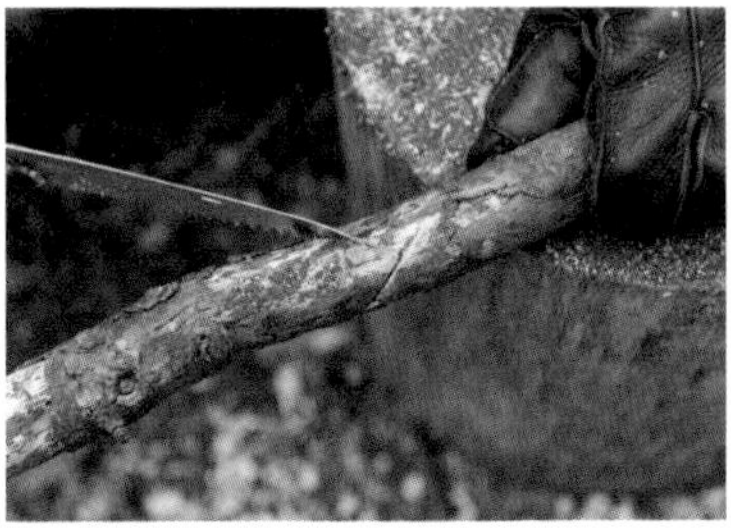

6 Ⓒのちょうどⓐとぶつかるところに、ノコギリでV字に切り込みを入れる。

7 ❻でつけた切り込みに沿って、ナイフでさらに深く彫っていく。

8 ❼の切り込みの反対側はケトルをぶら下げるので、ケトルの大きさに合わせて同様に切り込みを入れていく。

9 Ⓑを地面に打ってⒶを立てかけ、Ⓓで固定する。

10 ⒸをⒶにぶら下げるように設置したらケトルを吊るしてできあがり。

【ランタンハンガー】
LANTERN HANGER

次の映えるブッシュクラフトはこれ、ランタンハンガー。荷物として意外とかさばるこれも現地で作ってしまえば荷物が少なく済む！　so smart！

HOW TO

1　2本の枝を用意する。1本はだいたい身長と同じくらいの長さになるように調節する。

2　両方が交差する部分の枝の皮を斧で削る。

3　土に刺すほうの枝の先を尖らせていく。最初は斧でおおまかに。

4　細かい部分はナイフでしっかり尖らせる。

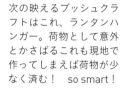

5 短いほうの枝を❹の枝にツル（なければロープ）で固定する。

6 ランタンをぶら下げるのでズレないようにしっかり固定しよう。

7 ランタンが引っかかるように、ナイフでくぼみを作る。

8 実際に刺す前に別の枝で軽く掘っておくと楽。

9 ❽の穴に、作ったランタンハンガーを刺して少し埋め戻し、固定する。

10 ランタンをかけてできあがり。

【 ファイヤーリフレクター 】
FIRE REFLECTOR

リフレクターというのは反射板のことで、こいつの前に焚き火を置くことで熱反射して暖かさが増すし、風防としての役割もある優れものなんだ。

HOW TO

❶ 支柱になる４本の枝の長さを斧で揃えていく。

❷ ❶の枝の片端は土に刺すので先を尖らせる。

❸ もう片方の端は上から打ちつけるので軽く皮をはいでおく。こうすることで割れにくくなる。

❹ ４本の支柱ができたところ。

❺ 横に積み重ねる枝は焚き火台の横幅に合わせて切り揃える。使う本数は好みの高さになる程度。

❻ ❺を実際に置いてみて支柱を刺す場所を確かめ、あらかじめ穴を掘っておく。

❼ ❻で掘った穴に❹の支柱を打ち込んでいく。

❽ 支柱の間に❺の枝を入れていく。

❾ なるべくすき間があかないように枝を選んで積んでいく。

❿ 積み終わったら、上端をロープで固定してできあがり。

COLUMN

02

アルミホイルって万能なの、知ってた？

たわしにしてみた

見ての通りアルミホイルをぐるぐるに丸めただけ。スキレットについた頑固な汚れとか、直火でついたスス汚れなんかを落とすときに重宝する。ススを落とすとスポンジも１発でダメになっちゃうからこれで代用。

フライパンにしてみた

Y字の枝にアルミホイルをぐるぐる巻きつけただけの簡易フライパン。軽い食材であれば、実際に炒めることも可能だ。いかに形のいい枝を発見するかが、フライパンのよし悪しを決める。

煙突にしてみた

アルミホイルを筒状にしてその中で火起こし。煙突効果で炎が上がるんだ。焚き火のつけ始めにこの煙突を被せれば、一気に火がつけられるって算段だ。ただ風にすこぶる弱いので、強風のときは使えない。

リフレクターにしてみた

P.66でブッシュクラフトのファイヤーリフレクターを紹介したけど、その簡易版がアルミホイルでもできるよ。木の支柱を２本、土に打って、それにアルミホイルを巻きつけるだけ。ちゃんとリフレクトしてくれる。

CHAPTER 3

EASY COOKING!

キャブヘイレシピ

俺が動画で実際に作ったことがある、
超EASYでウマい料理を紹介しよう。
キャンプ地に着いてソッコーでできるレシピや、
焚き火を楽しみながら
じっくり作れるレシピを厳選したよ。
使う道具も最低限だから
誰でも真似できるはずだ。
料理初心者のそこのキミだって大丈夫！

CABHEY'S

FAVORITE RECIPE

今日くらい自分勝手に好きなものを好きなだけ食べよう

OK!
Let's do it!
PRIMUS
P-250G

テントを張り終えて拠点が完成したら、まずはビールでチルアウト。時間ごとにグラデーションしていく空を眺めて「キャンプはこれからだ！」とワクワクしながら過ごす、キャンプをしていて最も充足感を感じる瞬間。一息ついたら暗くなる前に料理を始めよう！

キャンプスタイルと同じように、大きく個性が出るのがキャンプ飯。前の日から仕込んでしっかり作り込むのも楽しいけど、ソロキャンプじゃ振る舞う相手も食べ方も気にしなくて済む。今日くらい自分勝手に好きなものを好きなだけ食べようぜ！　ちょっと高い肉を塊ごと焼いてかぶりついてもいいし、自分で串うちして熾火《おきび》で育てた焼き鳥なんて、もはや尊い。冬なら奮発してアンコウや、カニを鍋に入れて熱燗でやるのもおすすめ。

俺の場合は、一品物をドカッと食べるより、ちょっとのおつまみをアテにずっとチビチビやっていたいから「時短・少量・お手軽」なものを作ることが多い。これから紹介するレシピはそんなサクッとできて、材料も洗い物も少ないずぼら飯をはじめとして、キャンプ場でやると楽しいキャンプ飯、過去の動画に出てきた〝アノ料理〟を、それぞれピックアップしてみたのでぜひやってみてねー！

CABHEY'S FAVORITE RECIPE

RECIPE 01

ダンボールスモーク

材料

針金 …… 適量
ダンボール …… 1箱
スモークウッド …… 1本
アルミ皿 …… 1個
網 …… 1枚
バナナ …… ½本
ゆで卵 …… 1個
ソーセージ …… 1本
プロセスチーズ …… 1かけ
※材料はダンボールの大きさに合わせて適宜調整を

ダンボールの中に吊るして燻すだけの超EASYなスモーク料理。吊るしたあとは置いておけばいいだけだから、何か他の料理と一緒に作ってもいいんじゃないかな。意外とフルーツやチョコもイケる。自分の好きな物を燻してみよう。

1

食材に針金を通し固定していく。

2

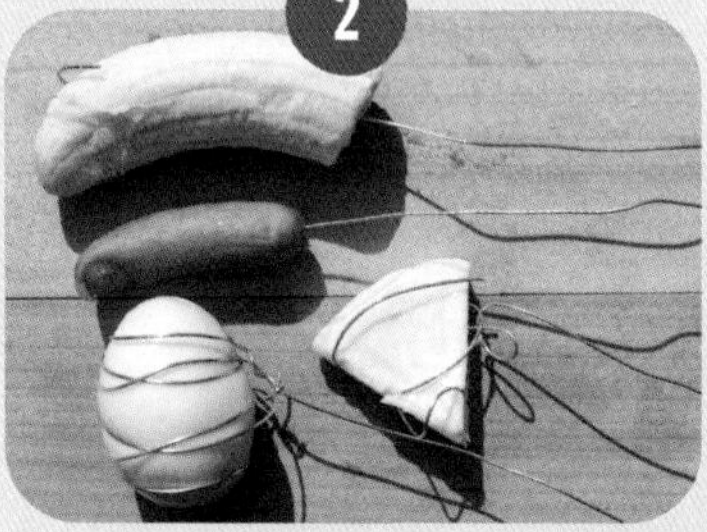

すべての食材に針金を通したところ。

3

ダンボールの天井側に針金を通して食材を吊るしていく。

4

アルミ皿の上に網をのせ、その上にスモークウッドをのせたら着火する。このとき、全体がまんべんなく焦げるようにしっかり着火していこう。

5

ダンボールの蓋を閉めて30分ほど燻していく。密閉しすぎるとスモークウッドの火が消えてしまうので、下側を少し開けておくのがベター。

6

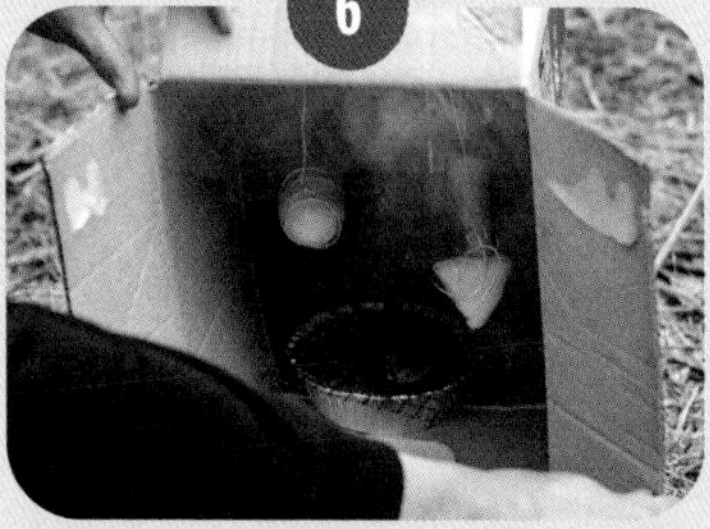

蓋を開けてみて食材に色がついていたらできあがり。あまり色がついていなかったら再度閉めてさらに燻す。

CABHEY'S FAVORITE RECIPE

RECIPE 02

GYOZA de PIZZA

材料（2個分）

アルミホイル …… 適量
餃子の皮 …… 4枚
オリーブオイル …… 適量
ツナ缶（オイル煮）…… 大さじ2
コーン缶 …… 大さじ2
マヨネーズ …… 適量
チーズ（ピザ用）…… 適量
ブラックペッパー …… 適量

餃子の皮でできるお手軽ピザ。食材を選べば時間もかからないから、「マジなんでもいいから早く食いたい！」ってときに超おすすめ。薄皮を使う場合は2枚重ねにするともっちりするよ。具は贅沢にモリモリのせればSo Good!

1

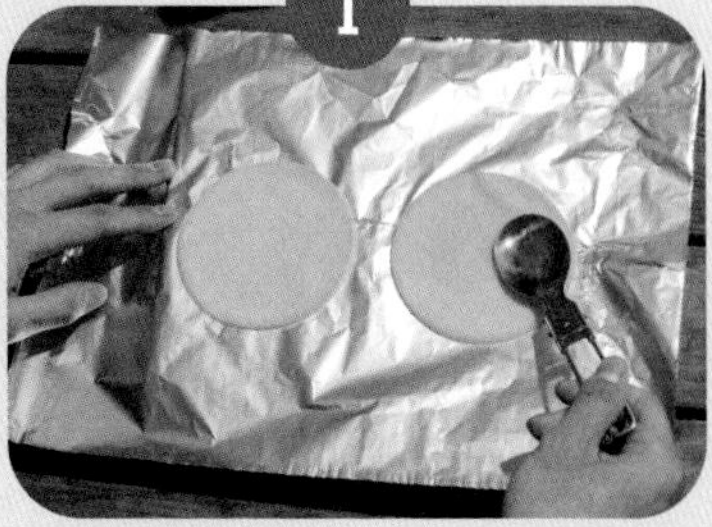

アルミホイルに餃子の皮をのせ、餃子の皮にオリーブオイルを塗る。

2

❶の上にツナをのせる。

3

❷の上にコーンをのせる。

4

❸の上にマヨネーズを回しかけ、さらにチーズをのせる。

5

新しいアルミホイルをくしゃくしゃにして凹凸を作ったらシェラカップに敷き、その上に❹をのせる（焦げつき防止）。

6

シェラカップを中火にかけて、別のシェラカップで蓋をする。チーズが溶けて香ばしい匂いがしてきたら取り出し、ブラックペッパーを振ってできあがり。

CABHEY'S FAVORITE RECIPE

RECIPE 03

焚き火パン

材料

竹の棒 …… 1本
アルミホイル …… 適量
強力粉 …… 250g
塩 …… 小さじ½
砂糖 …… 大さじ½
ドライイースト …… 小さじ1
水 …… 150mℓ
バター …… 5g

「焚き火をただするだけなんてもったいない！」そんなキャンパーにもってこいなのがこの焚き火パン。焼きたてのパンは、バターも、ジャムもなくても全然おいしい。しかも作ってて楽しい!!

→作り方はP.78

RECIPE 04

焚き火 ローストビーフ

材料（2個分）

アルミホイル …… 適量
牛ロース塊肉 …… 400g
塩 …… 少々
ブラックペッパー …… 少々
ニンニク（チューブ）…… 適量
ローズマリー …… 1本
玉ねぎ …… ½個
赤ワイン …… 大さじ4
みりん …… 大さじ4
醤油 …… 大さじ4

焚き火の熱でじっくり火を通すローストビーフ。原始的な作り方だけど、絶妙に火が通るんだ。こんなにおいしそうなのに、これが地面から出てくるっていう、インパクトもすごい。
→作り方はP.80

RECIPE 03 焚き火パン

1

（あらかじめ焚き火を起こしておく）
ビニール袋に強力粉を入れる。

2

❶に塩、砂糖を加える。

3

❷にドライイーストを加える。

4

❸に水を加える。

5

全体に水がなじむようにしっかりこねていく。

6

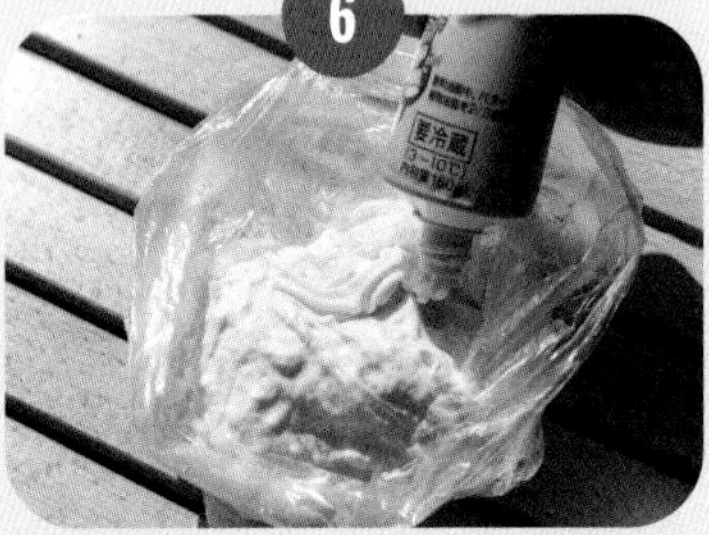

ある程度なじんだらバターを入れ、さらにダマがなくなるまでしっかりこねる。

7

ビニール袋に空気を入れて口を結び、シェラカップに入れて日陰で30分ほど寝かせる（発酵させる）。

8

生地が1.5倍ほどに膨らんだら、ビニール袋から取り出し、打ち粉（分量外）を敷いたまな板でよくこねていく。

9

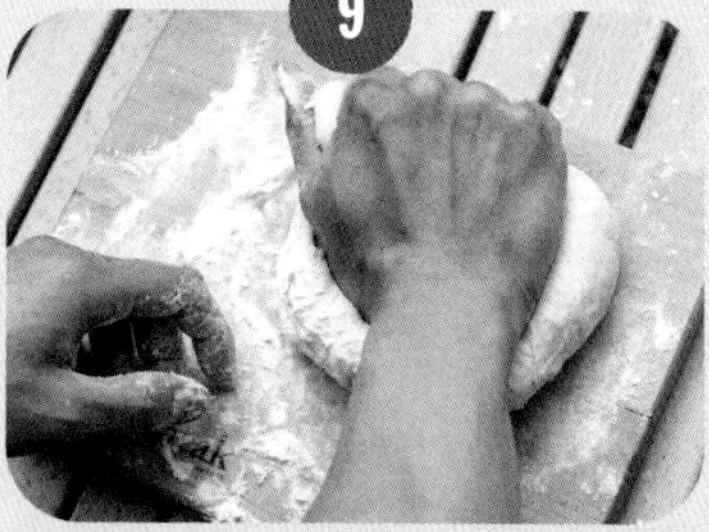

こねながら丸く成形していく。

10

生地に弾力が出てきたら、棒状に細くのばし、アルミホイルを巻いた竹の棒に巻きつけていく。

11

生地を巻きつけたところ。

12

焚き火にかけ、遠火でじっくり焼いていく。ときどき表裏を返しながら全体をじっくり焼く。焦げ目がついたらできあがり。

RECIPE 04 焚き火ローストビーフ

（あらかじめ焚き火を起こしておく）包丁で肉の表裏に穴をあけ、下味が浸透するようにする。

❶の表裏に塩、ブラックペッパーをふる。

❷の全面にニンニクを塗る。

フライパンで肉の全面を焼いていく。焼き色がつく程度でOK。

アルミホイルを広げ❹を置いたら上にローズマリーをのせる。

アルミホイルで全体を包んでいく。このときアルミホイルは二重にしよう。

7

焚き火の火をどけて地面に穴を掘り、そこに❻を入れ埋め戻す。

8

❼の上に焚き火の火を戻し、30分ほど放置する。

9

玉ねぎをみじん切りにする。

10

❾をシェラカップに入れ中火にかけ、ニンニクを加えあめ色になるまで炒めていく。

11

❿に赤ワイン、みりん、醤油を加え煮詰める（ソースのできあがり）。

12

焚き火の下から肉を取り出し、竹串を刺し、先端が温かかったらできあがり。

CABHEY'S FAVORITE RECIPE

RECIPE 05

チキンのビール煮

材料

鶏手羽元 …… 4本
塩・こしょう …… 各少々
ビール …… 1缶
ニンニク（チューブ）…… 適量
ブラックペッパー …… 適量

チキンをビールで煮込むと肉がふわふわに柔らかくなるんだ。下味も塩こしょうのみ。最後にかけるブラックペッパーがいい感じに効いているから、これを食べながらのビールはもう勝ち確でしかない。

1

包丁で肉に穴をあけ、下味が浸透するようにする。

2

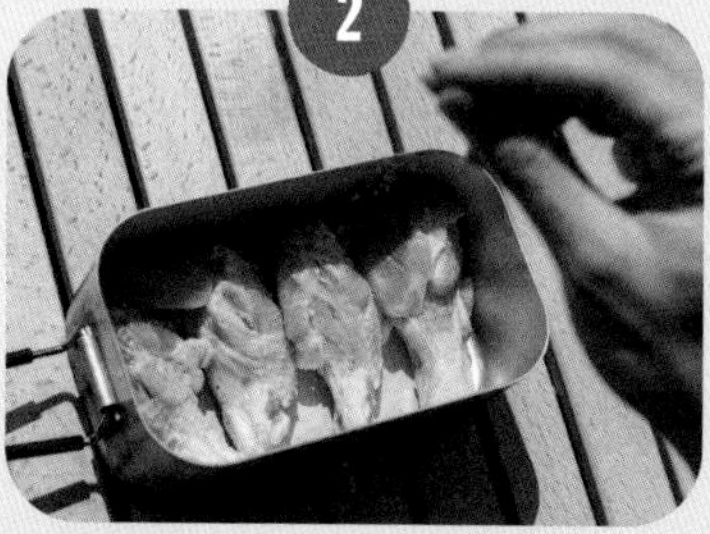

❶の表裏に塩こしょうをふる。

3

鶏肉が浸かるくらい、ビールを注ぐ。

4

❸にニンニクとブラックペッパーを加える。

5

蓋をして中火にかけ、30〜40分ほど煮込む。途中蓋が開いてくるので、半開けにしてそのまま煮込む。

6

水分がほとんど飛んだらブラックペッパーをかけてできあがり。

CABHEY'S
FAVORITE RECIPE

RECIPE 06

野菜ジュースカレー

材料

野菜ジュース …… 200mℓ
焼き鳥缶（タレ）…… 1缶
カレー粉 …… 大さじ1
塩むすび …… 1個
乾燥パセリ …… 適量

野菜ジュースの甘みと焼き鳥缶のタレのコクが絶妙なバランス。カレー感が足りないな、って思ったら適宜自分で足しといて。シェラカップ1個でできるからソロキャンにはもってこい！

シェラカップに野菜ジュースを入れる。

❶に焼き鳥缶を汁ごと加える。

❷を中火にかけ、3分ほど煮詰める。

❸を弱火にしてカレー粉を加え、よく混ぜ合わせる。

中火に戻しさらに2分ほど煮詰める。

火を止め、塩むすびを入れたら上からパセリをかけてできあがり。

CABHEY'S FAVORITE RECIPE

RECIPE 07

タコライス

材料

塩むすび …… 1個
レタス …… 1/8個
ミニトマト …… 3個
ドリトス …… 適量
パスタソース（ボロネーゼ）…… 70mℓ
カレー粉 …… 大さじ1
チーズ（ピザ用）…… 適量

沖縄のソウルフード、タコライスをキャンプで作れるように簡単にアレンジしたよ。冷たいままでももちろんおいしく食べられるけど、温かいほうがいい人はパスタソースとカレー粉を混ぜるときに火にかければより本格的に！

1

シェラカップに塩むすびを入れて軽くほぐしておく。

2

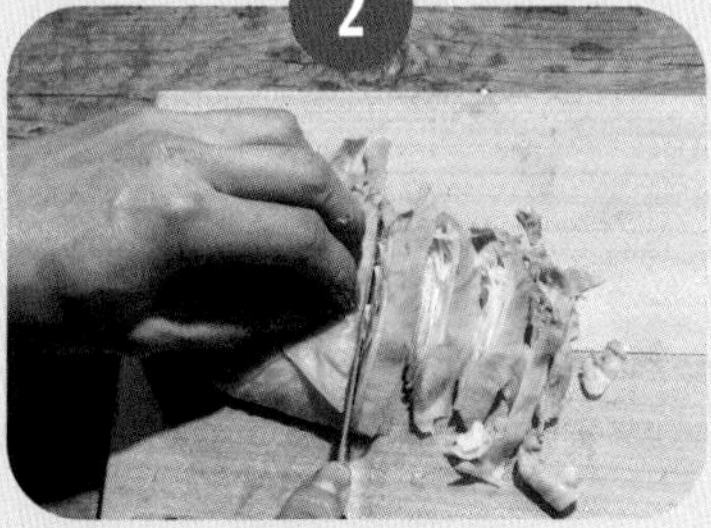

レタスを１cm幅に切る。

3

ミニトマトを縦¼に切る。

4

ドリトスをしばいて粉々にする。

5

別のシェラカップにパスタソースを入れ、カレー粉を加えたらよく混ぜ合わせる。

6

❶のシェラカップに、レタス→❺のソース→ドリトス→ミニトマト→チーズの順にのせてできあがり。

CABHEY'S FAVORITE RECIPE

RECIPE 08

焼き鳥缶 de 親子丼

材料

玉ねぎ …… 1¼個
出汁（希釈用液体）…… 大さじ1
水 …… 適量
焼き鳥缶（タレ）…… 1缶
卵 …… 1個
塩むすび …… 1個
三つ葉 …… 適量

〝丼料理〟って簡単で食器1つで完結するからキャンプ飯とは相性◎。なのに、さらに簡単にしてやったぜ！　出汁の濃さはお好みで調整してね。美しく仕上げるコツは卵を溶きすぎないこと！

1

玉ねぎをスライスする。薄く切れば切るほど火の通りは早くなるよ。

2

❶をシェラカップに入れて、出汁大さじ1と具材が浸かるくらいの水を加え、中火にかける。

3

玉ねぎが透明になったら、焼き鳥缶を汁ごと加えよく混ぜ、さらに煮る。

4

❸に溶き卵を加え、卵が固まり始めるまで煮込む。

5

別のシェラカップに塩むすびを入れ、その上に❹を流し入れる。

6

❺の上に三つ葉をのせてできあがり。

CABHEY'S FAVORITE RECIPE

RECIPE 09

袋麺 de 油そば

材料

袋麺（醤油味）…… 1袋

A
- ラー油 …… 小さじ½
- ごま油 …… 小さじ½
- 醤油 …… 小さじ½
- ニンニク（チューブ）…… 小さじ½

卵黄 …… 1個分

小ねぎ（小口切り）…… 適量

乾麺だからといって侮ることなかれ。本格的な油そばが楽しめるよ。俺は辛党なのでラー油は多めに入れるのが好き。ゴマを足してもさらにおいしくなるよ。いろんな味の袋麺でオリジナルアレンジをやってみよう！

1

袋麺を半分に割る（メスティンに入れるため）。

2

❶をメスティンに入れたら、麺が浸かるほどの水（分量外）を入れ茹でていく。少し長めに茹でたほうがより油そば感が出るよ。

3

ナイフで袋に穴をあけておけば、水切りに使える。これポイントね。

4

空いたメスティンに、付属の液体スープを半量とAを入れてよく混ぜる。

5

❸で湯切りした麺を❹に入れソースをなじませる。

6

❺の上に卵黄と小ねぎをのせてできあがり。

COLUMN

03

実はあのとき……。
不審者キャブへイ問題

「ラップでテントを作って野宿したら辛過ぎた…」っていう動画がある。野営地で、俺も何回かプライベートでも行ったことのある、割と穴場的な場所なんだよね。この日は休日で、先客は誰もいなくて俺が一番乗りだったんだけど、後から数人が入ってきた。俺が斧で薪をしばいているときに目が合って。最初、「視聴者かな、撮影が終わったら挨拶でも行こう」くらいに思って、気にとめなかった。そしたら、いきなりパトカーが見えて、ああ、俺、通報されたんだって（笑）。だから警察が来るよりも先に、斧とか置いて「俺は無害ですよ」って面で待ってたんだ。だけど、完全に臨戦態勢でこっちに向かってくるの。足音がゆっくりにじり寄ってくるの。ってかコレ包囲しにきてるよね。しげみから現れたのは、サスマタと警棒とシールド持った3人の警官。昔、学校で見た〝不審者への対応〟を不審者として体験した瞬間だった。最後はちゃんと状況を説明して仲よくなり、チャンネル登録して帰ってもらえた。

CHAPTER 4

LET'S GO

実験!
キャブヘイの挑戦

キャンプって自由な時間が多い。
その分、時間を持て余すなんてこともあるんだけど、
そんなとき俺はこんなことしてるよ!
というのを紹介しよう。撮影はキャブヘイ山荘。
魚を釣ったり、水を作ったり、竹で火を起こしたり。
キャンプには楽しいことがいっぱい詰まっている!

泥臭い、人間味溢れるリアルなキャンプ動画を

YouTubeで他の人のキャンプ動画を観ていて思った。どの動画もすごくお洒落だし、あか抜けているんだけど、たまにはジャンクフードも食べたくなるじゃん。泥臭い、人間味溢れるキャンプ動画があっても、いんじゃね？　ゴリゴリ喋っている、親近感あるキャンプ動画とか、そんなんあるなら俺が観たい！　もともと無意義でバカなことをやるの大好きだし、俺でいいなら全然やるやる！　って感じだったよね。

動画でやることはだいたい初見。だから段取りも悪いし、やってる俺自身でさえどう着地するのかまるでわからない。だからこそ失敗したときや、思ったよりうまくいったとき、まるで違う形になったときにリアルな感情の振れ幅

が見えるし、自然とストーリーになるような気がする。基本的にどの動画にも必ず自分の〝やってみたい〟って気持ちが原点にあって、「これは絶対シンドい…」と思うようなタフな企画でも、心のどこかで絶対面白いじゃんってワクワクしてるよね。

　ここからは俺の実験企画。前からやってみたかった〝ブッシュクラフトフィッシング〟や、動画でもやったことがある〝ブルーシートで作るシェルター〟、それからサバイバルで必要不可欠な、火と水の作り方をそれぞれ自力でやってみた。全部ガチで、どうなるかわからなかったけどやってみてよかったし、すげぇ楽しかった。

CABHEY'S FISHING

実験 1

ブッシュクラフトフィッシングをやってみた

キャブヘイ山荘に落ちている枝と空き缶のプルタブを使って竿と針を作る。それを持って海へ出かけ、おいしいお魚をGETしたい！ 果たして俺キャブヘイは、夕飯にありつけるのか!?

竿を作る

まずは手頃な枝、枝と。あった！ コレなんか調子よさそうじゃない？ 余分な枝は切り落としてと……。

釣り針を作る

プルタブを空き缶からペンチで外していこう。この丸い穴を残さなきゃいけないんだけど、これ、けっこうムズいぞ！

プルタブを針に加工する

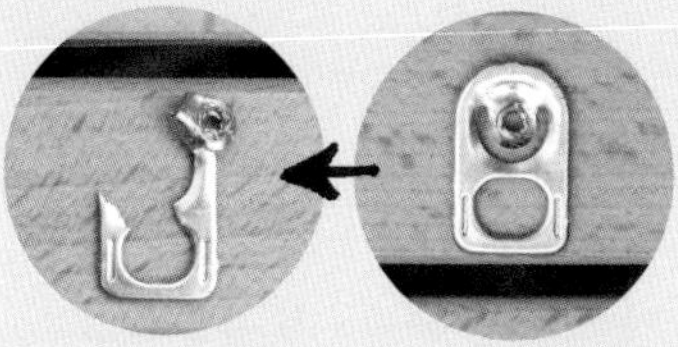

ペンチで切りながら形を整えていく！ 上手に切り出せたら、針になる部分はヤスリなどで研いでおこう。できれば返しも作れるといいね。

竿と釣り針を結ぶ

ガイロープを使って、竿と釣り針を固定しよう。ギチギチに巻きつけないと大物が釣れたときに持っていかれちゃうからね。しっかり固定してっと！

どう、コレめっちゃそれっぽくない？ いいんじゃね？ てかもう釣れたわ、コレ。早速海行くべ！

餌をつけて…

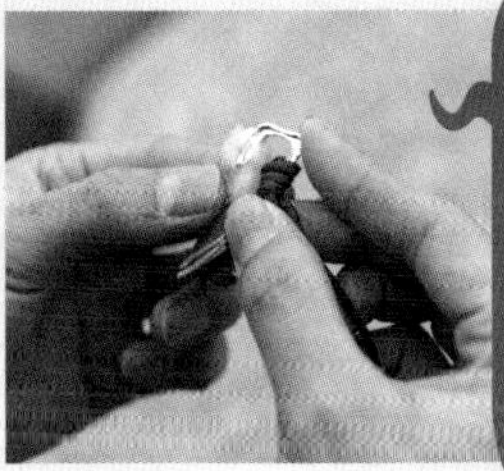

作った釣り針に餌をつけて、いざ！　しかし、うまそうだな。このゲソ……。

ポイントを変える

全っ然、反応すらねぇ。ちょっと移動しようか。釣りは我慢だって言うしね。うん。

日も完全に落ちた頃……

やっとこさ釣れたー!!!　っていうのは冗談で、隣で釣りをしていたおじさんが見かねてサバをくれた。ありがとうおじさん……。やっぱこんな仕掛けじゃ無理があるのかぁ。

魚をさばいていくっ！

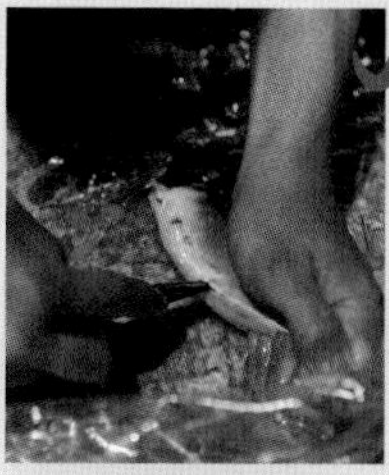

頭を落としてお腹をあけて。内臓の処理をしておかないとサバは足が早いからね。よし！帰って調理すっぞ！

調理していくっ！

串打ちしてそのまま焚き火で直火！　もう限界だ。早く食いてぇ……。ってかこの焼き方するなら、頭残しておけばよかったけど、もはや頭回ってない。

実食

びゃあああああ、うまいいい!! 腹減りすぎて塩ふるのも忘れたけど、全然素材の味だけでウマい！　なんだこれ!?　ってことで、ブッシュクラフトフィッシングは大成功でしたね（?）。

CABHEY'S SHELTER

実験 2

ブルーシートでシェルターはできるのか!?

名前の通り、「ステルス戦闘機」に似た形が由来。ブルーシートでステルス張りっていうシェルターを作ってみた。これやってみて思ったけど、より一層、テントなんていらないよ！　って思えるほど丈夫なシェルターができました。

道具を集めよう

Ⓐガイロープ2本、Ⓑペグ6本、Ⓒブルーシート1枚、Ⓓ木1本。ブルーシートはハトメがついていて、丈夫なものがおすすめ。

2点の角をペグダウン

まずは図のように2点の角をペグダウンする。テンションがかかる部分なので、しっかり固定しよう。

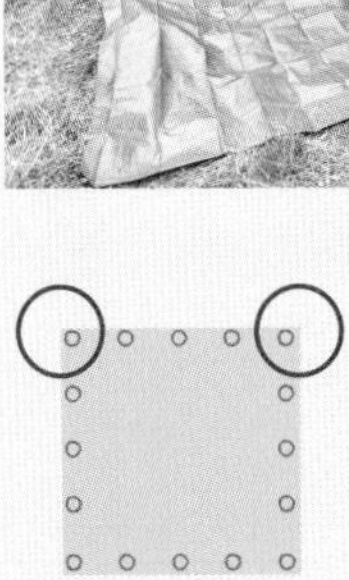

角を折り込んでペグダウン

図のようにペグを打っていないほうの角を折り込んで（AとBを重ねるように）ペグダウンする。ここはあとで調整もできるから、神経質にならなくても大丈夫。

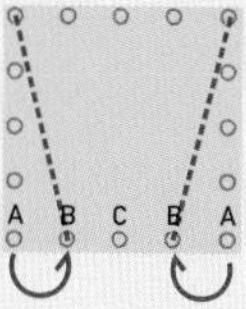

支柱を差し込む

頂点になる部分に支柱となる木を入れていく。長さはブルーシートの大きさによって変わるので、適宜測って調整しよう。

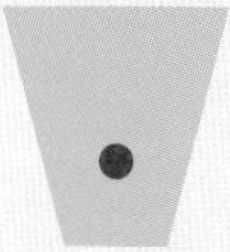

サイドをロープで固定

ハトメにガイロープを通して固定していく。ここで全体の形が決まるので、他のペグの位置も調整しておこう！

前を広げれば前室もできるぞ

ロープとペグに余裕があれば、中心のハトメを使ってちょっとした前室を作ることもできるよ。

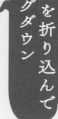

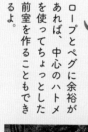

実験 3

自力で火起こししてみた

もう二度とやりたくねぇぇぇぇ!!　火がついたときの達成感はハンパないけど、こんなに大変なんだって思い知った。コレをやってのけた昔の人のスゴさや、火のありがたみをメチャ感じるね。絶対ライター忘れないようにしよ。

道具を集めよう

竹1本、麻ひも適量。竹は1本だと心もとないから、数本用意しておくとよい。ちなみに俺は5本くらい用意しておいた。

竹の加工

竹を縦方向に一部割り落とし（この落とした側は摩擦用に使う）、表面にV字の切り込みを入れる。さらに切り込みを入れた中心に小さな穴をあける。

着火開始！

切り込み位置で摩擦した竹の粉が、あけた穴の下に詰めた麻ひもに落ちるようにセットしたら、あとはひたすらシコシコシコシコ！　オラァァ！　ってあれ？　全然つかねぇ。

ついに煙が！

ひたすらシコること1時間。ついに煙が上がった！　腕がもう限界だって！　早く火種を麻ひもに移さなきゃ！

焚き火台に燃え移せ！

麻ひもに息を少しずつ送って、火を消さないように。引火したらすぐに用意しておいた焚き火台に！

ちょっと一服しよう。ライターあるのに何やってんだ、俺……。

CABHEY'S MAKING A WATER

実験 4

飲み水を作ってみた

サバイバルで生き抜くための最大要素として飲水の確保というのがある。原始的なろ過装置を作ってキャブヘイ山荘の川の水をろ過して飲んでみよう！まぁ別に川は綺麗だし、沸かせば飲めるけど……。なんかやりたいじゃん？

道具を集めよう

2ℓの空のペットボトル1本、ティッシュ、小石、砂利、炭、砂、布。これらを順番にペットボトルに入れてろ過装置を作っていく。

ペットボトルを加工する

ペットボトルの底を10cmくらいカッターで切り落とす。手を切らないように注意しよう。

資材を順番に入れていこう

1 ティッシュを入れる

2 小石を入れる

3 砂利を入れる

4 炭を入れる

5 砂を入れる

6 最後に布を入れる

水を投入

上から水を入れると、ろ過された水が少しずつペットボトルの口から出てくるよ。最初はしばらくドロ水っぽいものが出てくるから焦ってすぐ飲まないように。徐々に透明な水が出るようになるよ。

煮沸を忘れずに

ある程度水が溜まったら煮沸してできあがり。実際に飲んでみたけど、全然飲める飲める！これで川さえあれば生きていけるね！

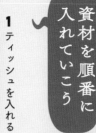

COLUMN

04

実はあのとき……。
淡路島ヤエー問題

バイク乗りの間で交わされる挨拶に「ヤエー！」(YEAH!)というのがある。俺も淡路島で「通りすがりの人に50個〇〇もらえるまで島から出れません」っていう、バイクでヤエーをもらう企画をやったことがある。その日は仕事が休みで、3連休の中日を狙っていったんだけど、粘ったらその日のうちには帰れるだろうってタカをくくってたんだよね。序盤は順調にたくさんヤエーをもらえた。けど、日が暮れていくにつれ、どんどんバイカーが少なくなってくるんだよ。俺が見積もっていたよりもはるかに早く。ヤベー！　50のヤエーが目標なのに、嘘ついて帰るようなことはしたくない。50個もらうまで島から出ないって言ったんだから、もらうまでは何があっても絶対帰らねぇって(笑)。翌日仕事もあったんだけど、それもキャンセルして、その日に泊まる宿まで探しだした。幸いその日のうちに50個達成することができたんだけど、今まで撮影してきた動画の中で一番エモーショナルで、もっとも焦りを感じた動画だったよ。

CHAPTER 5

MY SANCTUARY

俺の聖域・
キャブヘイ山荘

動画でもおなじみの俺が所有する山、キャブヘイ山荘。キャンプしたりいろんな企画で使っている山なんだけど、今回は山の全容を紹介するよ。この山は一の原から段差を上がって行くと二の原、三の原まであって、それぞれに広場がある。近くには沢《さわ》も流れているので特に夏は気持ちがいい場所なんだ。

CABHEY'S MOUNTAIN

山はいいぞ、自由と開放感とロマンが詰まってる。

この本を書くちょうど1年前くらいにキャブヘイ山荘（山）を買った。動画撮影でキャンプに行くときは、キャンプ場だと他の利用者に迷惑をかけないように、ほとんど人のいないときを狙って行くようにしてる。入場料を払った後で先着者がいて、着いて3分で帰ったことも2、3度あったかな。その頃には、視聴者に声をかけられることも増えてきたから、さすがにキャンプ場での撮影が難しくなってきたなー、と思ったのが購入の決め手だった。初めて自分の山に入ったとき、「これからここを好きに使えるの？　マジ?!」ってブルった。山火事に十分気をつければ、直火での焚き火もできるし、音楽かけたり、木も地形も、何したっていい。個人的には道具を山に置いて帰れるのはマジで便利だと思っている。

そんなキャブヘイ山荘だけど、致命的

CABHEY'S MOUNTAIN MAP

な弱点を抱えている。買ってから気付いたんだけど、山を購入するにあたって考慮すべきポイントってのがいくつかある。

❶電波は入るか

❷水源はあるか

❸地形が平坦で車の乗り入れが可能か

自分の山には電波も水源もある…が、車どころかバイクですら入っていけないほど登山道が狭く、坂がキツイ。電波も水も最悪なくてもいいけど、車が入れないほどの場所だと荷物を担いで登山道を通るのも大変で、うちの山に遊びに来てくれた知り合いが何度滑ってコケたかわからない。山を切り拓こうにも重機が入れないためあまり大がかりなこともできず、実は別の新しい山の購入も考えている。いつかログハウスを建てて、山で編集・撮影を完結させて、サバゲーとか畑とかしたいなあ。

一の原

ちょっとした山道を上っていくと出てくるのがこの一の原。動画で一番出てきている場所なんじゃないかな。バス停…じゃなくて、薪置き場を作ったところ。それはもう崩れちゃって今はないんだけど、ひょうたん形に広がっていて、二間あるのがここの特徴だ。一の原を奥のほうまで進んでいくと沢があって、そこには五右衛門風呂が鎮座している。川の水をポンプで汲み上げて風呂に水を溜めるんだけどこれがマジでンギモヂィィィ!! ただ沸くのに時間がかかる。風呂に入るだけで、2時間近く持っていかれる。ここから道なき道を上っていくと二の原に着く。階段とか作ったんだけどちゃんとやらないとダメだね。もうない。

CHECK!

動画でもおなじみの五右衛門風呂。そこから望む森の景色は絶景なんだ。

二の原

ここに上がってくると空が広くなって気持ちよさが増すんだよね。遠くの景色まで、見えるようになる。ただ道が獣道しかないから、ここまで来るのも大変なんだよね（笑）。ゆくゆくはジップラインとか作って、行き来を楽にしたいなぁって思っている。二の原は割と平坦でキャンプがしやすい環境かな。動画で、竹だけで作ったシェルターでキャンプしたのがこの二の原。夏になると草が生い茂ってきちゃうからここも整地がまだまだ必要なんだけど、ｄｅｅｒたちが定期的に草を食べてくれるから、助かってる（笑）。この山荘には竹がたくさん生えているし、杉も多いので、クラフトや焚き火するのにも向いているんだ。

CHECK!

見下ろすと一の原がある。一度登ったら下りるのも一苦労だ。

三の原

三の原は人工物、古民家が鎮座している場所。なぜか瓦の廃材などもゴロゴロ転がっているんだよね。前の持ち主の残したものなんだけど。それを使って瓦そばを作ったり。五右衛門風呂の底上げをしたり、何かと役に立ってる。動画でよく竹を切っていると思うんだけど、その竹林があるのもこの三の原。ここも一の原と同じくらいの広さはあるんだけど、割と木陰になっていて、夏はいいけど冬はちょっと寒いんだ。あと前述の廃材が至るところにあるから、片付けないと上手く使えないかな。二の原以上に景色もよくて、涼しい場所だからいずれ何か建てたいと考えてるのだけど、何作ろうかな。

CHECK!

生い茂った竹。この中からいつも好きな竹を選んで切っている。

CHAPTER 6

CABHEY RECOMMENDED!
キャンプのお供

よく聞かれるんだ。〝キャンプで何するの？〟って。
その度に、「不足を楽しむ」ってよく答える。
あんまりピンとこないよね。
俺も時間を持て余すことはよくある。
そんなときに俺が楽しんでいる
音楽や本などを紹介しよう！
他にもこれまでにのせきれなかったことを書いていくよ。

キャンプに合う音楽＆本＆映画＆ゲーム！

キャンプ中に相乗効果的に気分をアゲてくれる作品たちを紹介しよう！ソロキャンはもちろん、2泊以上するときとかの旅のお供におすすめだ。

Music

Alan Gogoll

インストでアコースティックな感じを聴きたい夜更けにおすすめ。歌詞がない曲は**BGMとしてちょうどよくて、なんでもないことがストーリーに感じたり**、印象的なキャンプにしてくれる。彼がYouTubeにアップしている演奏動画も面白い撮り方してるからぜひ観てみて！

Jack Johnson

ギターの弾き語り自体、かなりキャンプとの相性はいい。そしてサーファーとしての一面も持つ**ジャックの、オーガニックな歌声はすっごい安心感を与えてくれる**んだよね。焚き火を眺めながらのんびりするときに聴きたくなるんだ。

ゆるキャン△ オリジナル・サウンドトラック

普段アニメはそんなに観ないんだけど、友人に勧められて観てみたらすごく面白くて。サントラに使われている**ケルト音楽みたいな感じがリアルなキャンプのBGMにぴったり**なんじゃないかって。印象的なシーンで使われた楽曲なんかは、おもむろに劇中のセリフを言いたくなるよね。「松ぼっくり（CV:大塚明夫）」。

Chill Hip Hop / Neo City Pop

このジャンルは、ここには書ききれないくらい紹介したいアーティストがいろいろいるんだけど、文字数少ないのでまとめちゃいました……。ちょっと都会的だけどLo-Fiな感じが、**街の喧噪を遠巻きに見ているみたいでエモエモです!!** SIRUP、EVISBEATS、TOCCHI、DENIMS、唾奇、おかもとえみなど（敬称略）。

Recommended
Music, Books, Movies & Games by Cabhey!

Books

『ねらわれた星』

星 新一　理論社

SFやファンタジーも**非現実的で独特な世界観がキャンプと相性いい**と思う。でも何冊か読んでいると世界観や設定が「あれ?　どっちのだっけ?」ってなっちゃうのがあるある……。ガッツリ読書に時間が取れないときは、この題材で一冊が書けちゃうyoってくらい、ふんだんにいろんな要素が盛り込まれた星新一さんの短編集がおすすめ。

『世界一しあわせなフィンランド人は、幸福を追い求めない』

フランク・マルテラ(著)、夏目大(翻訳)
ハーパーコリンズ・ジャパン

フィンランドって冬は一日のうち18時間も日没してるし、ヘビメタが盛んで「陽気な人も、相手の靴を見て話す」って言われているくらい内向的らしいんだけど、そんな**フィンランドの人がなぜ幸福度が高いのか、幸せとはなんぞや?　って考えさせられる一冊。**

『左ききのエレン』

かっぴー(原作)、nifuni　集英社

アートとデザイン、天才と努力家の、もはやバトル漫画。クリエイターとして働く描写が超リアルで、読んでいるこっちまで胃が痛くなったり、仕事に打ち込むアツさに涙したり……。**広告代理店を舞台にしてて、少年漫画的な演出で毎回アツい。**

『太陽の塔』

森見登美彦　新潮社

普段はミステリーが好きなんだけど、夜の山で読むにはちょっと怖い……。難しい本は読めないし……。ってそんなときは、ハッピーで独特な世界観に浸れる森見登美彦さんの作品もおすすめ。**現代的な文体で読みやすく、それでいて読了時の多幸感は高め！**

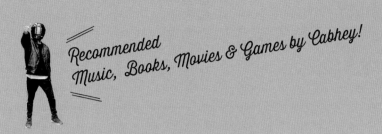

キャンプに合う音楽＆本＆映画＆ゲーム！

Movies

『Into The Wild』

裕福な主人公が「世の中、お金や物じゃねえ！」って、全部捨てて旅に出る話。この主人公と同じように世俗離れした暮らしに憧れる人は、きっと多いと思う。そこから掘り下げて、その先に何があるのか、何が幸せなのか、っていう**幸せに生きるためのヒントがもらえる映画。**

『はじまりのうた』

派手なマーケティングやスタジオ機材がなくたって音楽できんじゃん！　最高じゃん！　的な映画。まさに**人類総アーティスト時代っていう現代的なテーマが非常に共感しやすい。**Maroon 5のアダムも出演しているんだけど、彼の劇中歌が好きすぎて去年で一番ヘビロテした。

『LOVE DEATH + ROBOTS』

SF・ファンタジー・ホラー・コメディ、いろんなジャンルを詰めた短編構成のアンソロジー。**現代風刺というかすごく皮肉が効いていて好き**なんだけど、こちらも次から次へと「これで映画一本観てぇよ、もったいねぇぇぇ」ってなるくらいサクッと終わってしまう……。

『Stand By Me』

大人になっても少年の心がずっと残ってる人には、絶対キャンプはハマると思うんだけど、まさにそれを思い出させてくれる名作。**旅先で焚き火を囲んで寝て、子供たちが幼いながらにそれぞれの思いや悩みに向き合うシーンが、最高にエモい。**

Recommended!

Games

『THE FOREST』

不時着した島でサバイバルしながら、さらわれた息子っちを捜すゲーム。最初はライターと斧だけで一夜を過ごすんだけど、すっげぇ心細い。木を切って運んでは、ツリーハウスやログハウスを建てたり、ジップラインやパラグライダーでインフラを整えたり、湖畔や浜辺にチルなキャンプ場作ったり……。あ、息子っち捜すの忘れてたわ。

『I EXPECT YOU TO DIE→』

VRの脱出ゲームなんだけど、椅子に座ってプレイすれば、ゲーム内でも終始椅子に座った視点で完結してるから、まるで本当に入り込んだみたい！　ってなる。エージェントになりきって、自分の周辺に残された手がかりをたよりに、難局を打開していく。**遠くの物も超能力で操れるんだけど、現実でもついやろうとしちゃうくらい、没入感が凄い**。ちなみに息子は捜しません。

『テトリス®エフェクト』

元祖落ちゲーに音楽と綺麗な映像の要素を足したやつ。回したり動かしたりすると音が鳴って、列を消すと音楽も派手に&視覚的にも盛り上がってくれるので、なんかすごいことをやってる気分になれる。**全クリして感涙したパズルゲームはこれが初めて。**

『Fallout 4』

核戦争によって荒廃した世界を旅しながら、さらわれた息子っちを捜すゲーム。洋ゲーの主人公の息子さらわれすぎ。**レトロフューチャーで世紀末な世界観がすごくイイ**。街で拾った物から武器を作ったり建物を建てたりできるんだけど、チルなアメリカンバー（3階建て）を作るのに没頭して息子っち捜すの忘れてた。俺に博愛はないのかもしれん。

教えて！
キャブヘイ先生！

Q なんでYouTubeを始めようと思ったわけ？

A もともと表現という形で何かを作ったり、いろんな人と関わるのが好きなんだ。どんな人にだってそれぞれのプロフェッショナルとか、その人なりの考え方があって、それを聞くのが好きなんだけど、**どうしても1つの業界にいると偏るし、道行く人に聞いてまわりたいくらい**だけど、みんな暇じゃない。だったら自分を発信して興味を持ってくれる人が集まってくれれば、好意的に話をしてくれるんじゃないかって始めたんだよね。**おかげで面白い人たちといっぱい繋がれたし、面白くてバカなことでもシェアできる友達が増えたよね！**

Q 「EASY！EASY！」ってよく言ってるけどどういう意味？

A 〝簡単〟や〝気楽に〟って意味もあるけど、何か困ったことがあったとき、うまくいかないときに自分を鼓舞するための〝**おまじない**〟みたいなもん。一度きりの人生だし、**嫌なことがあっても、それすら楽しめたらすごくハッピーじゃんって。**嫌なことがあったその瞬間は辛いけど、クヨクヨしたりネガティブなことを考えてる時間は、不幸な体験を自ら反芻しに行ってるって考えたら超マゾじゃん。**明日死ぬかもしれないって思ったらそんなもったいない時間の使い方ないよね。**みんなが自分主役のライブをやっていると思えば、予定調和にいかなくたって「それもまた味だ」って笑えるんじゃないかな。

一番楽しかったキャンプは？

A 多分先輩と行った人生2回目の二人ソロキャンプ。多分っていうのは**ベロベロに酔っててほとんど覚えてない**んだよね……。個人的なビデオブログとしてスマホの動画回しっぱなしにしてたんだけど、**後日改めて観てみるとすっげえ楽しそうｗｗｗ**。川飛び越えようとして、思いっきり足はまってたり、大切に削って加工していた木を、薪と勘違いして燃やしちゃったり、ビール空けなきゃと思って一気飲みしたら、それが灰皿に使ってた缶だったり……。**とにかくハプニングが多いときほど、振り返ると一番エンジョイしてた**ってことあるよね。

一番過酷だったキャンプは？

A 過去動画のラップでハンモック作ったときが、アルミホイルテントにギリ勝つ感じ。まず6kgのラップをずっとテンションかけながら何重にも木に巻きつけるって、見た目以上に重労働。結局**中に入ってみると穴だらけだし、途中から降ってきた雨のせいで、とても寝られたもんじゃなかったね！** アルミも寒さで寝られなかったけど、この日は車だったからすぐ避難できた。でもラップのときは逃げ場がなかったから、結局膝抱えて朝まで過ごしたよね……。ギリギリ動画になって、**みんなが笑ってくれたから、俺も「ま、いっか！」って思えた。**

買ってよかったギアは？

A これは間違いなく、ハスクバーナの斧！ えー、別にナイフでも薪割れるしィ、重いしデカいし使わなくなーい？ とか思うじゃん。でも**「木こる」のがマッジで楽しくて、小気味よい音で薪が割れたりするとン、ン、ンンギモチィィィッ。**太い木を加工して何か作るってときも、アタリをつけて大雑把に粗削りするのに使えるし、なによりこの“前時代的な”営みが、いかにもキャンプしてますって感じするよね。斧を持っていない人とキャンプに行くと、8割の人が、次会ったときに「俺も同じやつ買った！」って口を揃えて言う斧。

教えて！
キャブヘイ先生！

Q どうしてヘルメットを被っているの？寝るときもそのまま？

A マミーから生まれたとき、あまりのハンサムさに産婆が失神してしまって、以来封印のために被らされた……。実はヘルメットが本体で宿主の身体を操っている……。など諸説あるが、その真相は不明。少なくとも動画内で食物を摂取するとき、テントで寝るときもヘルメットは被りっぱなしのようだ。「寝るとき、保湿と枕になってちょうどいいンすよ！」と本人は語る。最近は解散したダフト・パンクの枠を狙っているというウワサも……。

Q 一番おいしかったキャンプ飯は？

A 手の込んだ飯も作ってるけど、なんだかんだ、一番おいしかったのは、断崖絶壁な酷道の先で買ったニジマスを串に刺して、焚き火で焼いたやつ。一緒に行ったミゲル（後輩）がオール明けで来てたから途中、白目を向いて応答してなかったけど、**今でもあの味、あの日見た星空、あの日粉々になったスマホの画面だけは忘れられない**。焚き火で燻す「吊るしベーコン」とか、初めて竹で炊いた「白ご飯」とか、案外シンプルな料理のほうが染みたりするよね。あと冬のおでんと熱燗……。

Q 今後やってみたいことは？

A 動画抜きにして今一番やってみたいのが、「**日本全部を地元にすること**」。1つの都道府県で1ヵ月間、家を借りてバイトしたり友達作って遊んだり、その環境にジモティーとして住んで、月末には友達に見送られて次の県へ……。を47ヵ月、繰り返す。終わったころには、日本全国に「地元の友達」がいて、帰るべきホームがコミュニティとしてあって……。ってすごくいいよなーって。「**今度東京行くから道中、京都と滋賀と三重と愛知と静岡と神奈川寄って行くわ！ 飲み行こうや！**」って一向にたどり着かない旅とかしたい。

Recommended Camp Sites by Cabhey

おすすめのキャンプ場

伊勢志摩エバーグレイズ
（グランピング）

〒517-0213
三重県志摩市磯部町穴川1365-10
TEL : 0599-55-3867

三重県の静かな内湾のほとりという抜群のロケーション。一部のキャビンにカヌーがついてるんだけど、ヨシに囲われた迷路のようなコースをいつでも探検できる。設備も綺麗で売店にはキャンプギアも売ってるから、その日から使って自分へのお土産にも！　まるでアメリカのような風景で、空がめちゃくちゃ広いんだ。夕方や明朝に曲を流しながら、カヌーを漕いでいると、まるでジャングルクルーズ（人の迷惑にならない程度にね）。

GRAX HANARE
京都・るり渓（グランピング）

〒622-0065 京都府南丹市園部町
大河内広谷1-14
TEL : 0771-65-5001

お洒落な家のバルコニーに、ノルディスクの高級テントが張ってある。もちろん普通のテントでお手頃にグランピングもできるんだけど、岩盤浴や温泉が入れて、ハンモックでくつろぎながら漫画が読める「ランタンテラス」や、年中イルミネーションを楽しめる「シナスタジアヒルズ」が直近にあるので、「キャンプやってみたいけど、おっかない」って人や「彼女をキャンプに誘いたい！」って人は、ここからキャンプ気分を味わってみたら？

琴引浜掛津キャンプ場
（キャンプ）

〒629-3112 京都府京丹後市網野町掛津
TEL : 0772-72-0900

海沿いのキャンプ場で、山に沿った立体感のある地形。サイトによって広さ、眺望も全く異なる。ちょっと歩いて降りれば、ビーチで海水浴もできて、磯では魚を見られることも。静かなキャンプ場というわけでもないけど、適度にサイト間が離れていて、賑やかさはあっても騒々しさは感じない。車を乗り入れできないけれど、「松林サイト」は早いもの勝ちで、いろんな起伏に富んだ区画が選べるから、何人かと行って、ジャンケンで、「ここからここまで俺のなー」みたいにグループソロキャンもおすすめ。

マキノ高原（キャンプ）

〒520-1836
滋賀県高島市マキノ町牧野931
TEL : 0740-27-0936

有名なメタセコイア並木の奥にあるキャンプ場。川サイト、林間サイト、高原サイト、広場サイト、展望サイト、森の隠れ家サイトの６つのロケーションから選べて、何度行っても違ったシチュエーションでキャンプを楽しめる。車の乗り入れもできて、敷地内に温泉もあるから、初めてのキャンプでも安心。行きにメタセコイア並木を走って、帰りは「びわ湖テラス」に寄ればしっかり観光も楽しめる。ただ冬は大部分がスキー場として使われて、林間サイトしか泊まれないので注意！

俺の愛車はコレだ!

HONDA HORNET 250

HONDAのホーネット250。通称「ニーナ号」は、CABHEY RIDE ON!!で初めて購入したバイク。状態がいいものがなく、やっと見つけたバイク屋はなんと、神奈川県。前日に夜行バスで受け取りに行って、そのまま大阪まで乗って帰ったっていう……。新しいバイクに浮かれて下道のツーリングロードを走って、道草食ったり、後輩が働くキャンプ場に顔出したり。高速道路に乗ったときには、すっかり日没してた(笑)。今や中型バイクには珍しい4気筒エンジンを積んでいて、レーシーなエンジンサウンドをサーキットに行かなくても楽しめるってのが選んだ決め手。甲高くてすごく速そうな音してるのにメーター40km/hでした、みたいに安全運転でも十分使い切れる性能がちょうどいい! これからもよろしくな!

動画に出てくる俺の愛車、ニーナとボブ蔵について紹介していく。
ニーナには本当にいろんな景色を見せてもらってる。
新しく仲間入りしたボブ蔵もとってもラブリィ。

YAMAHA TW200

YAMAHA TW200。通称「ボブ蔵」は、最近納車した新入り。何度も修理したりパーツを替えたりしたけど、公道デビューしたときは感慨深かった。太いタイヤを履かせて、前後のタイヤ幅を伸ばした「ボバーカスタム」で、フェンダーをはずしてるから雨の日には走れなかったり、シングルシートで荷物積めなかったりで、キャンプに向いてないけど、どうせリュック1つだし雨の日にキャンプ行かないし、そもそも快適性を求めるなら車で行くし、って開き直ってる。単気筒のエンジンはドコドコした低音サウンドで、同じ中型バイクでもニーナ号とは全く違う乗り味。景色見ながらのんびり流せるし、何よりドンピシャなスタイリングが服からキャンプ道具、そしてバイクまでトータルコーディネートした気分になれてスーパーご機嫌にキャンプ地に向かえる。

SHOW!!

キャンプ中のファッションってどうしたらいいか気になっている人も多いと思う。みんなと似たような格好もしたくないし……。でも結局、ファッションは自由でいいと思うんだ！

SPRING

春らしく可愛い色使いのフーディに明るいベージュのカーゴパンツを合わせて、カラフルだけど落ち着いた感じにしてみたよーん。普段はこれにプラスしてフーディと同じ水色で浅めのベントブリムキャップを被るんだけど、適度に遊びが効きつつも爽やかさも一層増していい感じ！

SUMMER

白Tとワイドデニムに、DODから出てる「べべべノヴェスト」を着用。〝釣りベスト〟のキャンプ特化バージョンって感じで、機能性もオールシーズン着回したいくらい便利！　これにグレーのバケハもセットで。実はTシャツ背面にタープのいろんな張り方がプリントされていてカンニングできるんだよね（笑）。

CABHEY FASHION

AUTUMN

知り合いの古着屋で買ったフーディ、ヒモがパラコードになっててまさにキャンプ向けやん、と。これだけだと、ただのルイージだから、クリーム色のニットとリュックを合わせて明るさをプラス。フーディをスウェットに替えて白のハイネックを首元に見せればさらに都会的！

WINTER

ダウンやMA-1もかっこいいけど、焚き火の火の粉で生地に穴があくことも……。その点ハンティングジャケットは暖かくて機能的だし、キャンプに慣れてますって渋さが出るよね。こんな格好してテントがラップだったら笑えるけど。これにパイロット帽を被れば防寒しながらもお洒落を楽しめる！

あとがき

ここまで読んでくれてありがとう！

「キャンプあんま興味ねーなー」って人や、「これから始めようと思ってました」って人にも、エンタメ本として楽しんで読んでもらえるような仕上がりになってるから「ほーん」程度の参考にはなったんじゃないかな？　本だけにね！　ハハッ。

　でもここに書ききれなかった「最低限守るべきマナー」とか「基本的なセオリー」は他の書籍やネットの情報でカバーしてほしいんだ。キャンプは自由であるべきなんだけど、原則として他人や自然、そして法を犯すことは絶対にだめだ。そして食べ物や自分の身体も大切にしてほしい。そういった〝自己を律して外界と調和する〟っていう所作も含めて実践することで、はじめてキャンプと言えるんだと思う。だからその範疇で、形にとらわれず自分の思うままにやってみてくれよな！

　余談だけど、以前こんな実験をやってみたんだ。

　これまで全くキャンプをやったことのない知人に、身ひとつだけ用意してくれれば、あとはこっちでキャンプ場に連れていくし、道具も用意する。何

から何まで手取り足取りレクチャーする、っていうもの。結果その人に「キャンプどうだった?」って聞くと返ってきた言葉は、

「多分楽しいんだろうけど……。山に連れてこられてよくわからんまま終わった……」。

その知人にはマジで申し訳なかったけど、改めて自分も、「キャンプの何が楽しいんだっけ」って再確認するいい機会だった。自分で道具を選んで、目的地を決めて、自力で山での一夜を過ごす。そんな〝能動的なアクティビティ〟が楽しいんだと。だから、この本の読者にはいないとは思うけど、俺と同じことをしたりだとか、前の人の足跡をなぞるようなキャンプはしないでほしい。

攻略本通りにゲームをプレイすることほど、退屈で野暮なことはないよね。

最後に、この本を買ってくれた物好きなみんなに感謝。これを書き終わる頃には、もうあとのことは知らん! ってくらいやりきった感があって、自分が満足いく本を作れた、楽しかったな~。って一人でフィニッシュしちゃってるくらい、この製作期間すっげー楽しかったよ。また動画で会おうぜ!

キャブヘイ

ソロキャンプとツーリングのYouTubeチャンネル「CABHEY RIDE ON!!」を2019年5月から投稿。
必要最低限の道具で、型にはまらない破天荒で自由なキャンプで注目を集める。トレードマークはヘルメット。重低音の心地よいボイスで繰り広げる軽快なトークで人気爆上がり中。

YouTube:「CABHEY RIDE ON!!」
Twitter　@cabhey_dj
Instagram　@dj_cabhey

※キャンプ場の山の木や枝を使用する場合は、施設管理者の許可が必要です。（P29、38、56、61）
※ろ過装置で作り出す水はあくまでも災害などの緊急時を想定した対処法なので、試す場合は自己責任でお願いします。（P104）

準《じゅん》備《び》はリュック1《ひと》つ！
日《に》本《ほん》一《いち》身《み》軽《がる》な
キャブヘイのソロキャンプ

2021年 5 月26日　初版発行
2022年 4 月30日　10版発行

著者　　キャブヘイ
発行者　青柳 昌行
発行　　株式会社KADOKAWA
　　　　〒102-8177　東京都千代田区富士見2-13-3
電話　　0570-002-301（ナビダイヤル）
印刷所　凸版印刷株式会社

●お問い合わせ
https://www.kadokawa.co.jp/（「お問い合わせ」へお進みください）
※内容によっては、お答えできない場合があります。
※サポートは日本国内のみとさせていただきます。
※Japanese text only

定価はカバーに表示してあります。

ISBN978-4-04-680302-3　C0077